KB262038

매출액 · 비용 · 이익만 알면 충분하다!

회사의 숫자

매출액 · 비용 · 이익만 알면 충분하다!

회사의 숫자

시바타 타카유키 지음 | 김숙이 옮김

아카데미북

들어가는 말

이 책의 가장 큰 특징은 회사와 관련된 수많은 숫자를 아주 기본적인 용어인 '매출액·비용·이익'으로 집약해서 설명한다는 점이다.

회사의 활동은 모두 이익을 올리기 위한 행위에 해당하므로, 그 이익과 밀접한 관계에 있는 매출액과 비용의 균형을 맞추는 점이 중요하다. 따라서 회사의 활동은 '매출액·비용·이익'으로 집약할 수 있으며, 이 3가지 시점에서 숫자를 파악하면 보다 쉽게 이해할 수 있다. 아울러 회사의 활동과 관계가 있는 '人·金·物'까지 더하면 회사의 숫자에 더 이상 겁먹을 필요가 없다. 이런 식의 숫자 파악 방법은 아마 전례가 없을지도 모른다. 지식과 경험이 있는 사람은 물론이고, 숫자에 약한 사람도 눈이 번쩍 뜨일 것이다.

이 책에서는 회사의 모든 숫자를 매출액, 비용, 이익과 연결짓기 때문에 그 구성도 단순하다.

먼저, 프롤로그에서는 회사의 숫자를 판단하는 데 매출액, 비용, 이익의 시점만 파악해도 충분한 이유를 알아보고, 숫자의 입수 출처와 특징에 대해 살펴본다. 제1장에서 제3장까지는 생산, 영업, 관리 등 회사의 모든 활동에 등장하는 다양한 숫자가 모두 매출액, 비용, 이익과 복합적이고 밀접한 관계에 있다는 사실을 숫자가 지닌 의미와 특징을 통해 살펴본다. 매출액, 비용, 이익은 대부분 숫자로 나타내는데, 매출액의 경우만 보더라도 여러 숫자를 합치면 회사의 판매 전략을 알 수 있는 이점이 있다. 제4장에서는 프롤로그와 제1~3장에서 얻은 지식을 토대로 경영을 분석하여, 사용한 숫자와 구한 숫자는 모두 '매출액·비용·이익'과 '人·金·物'에 관계가 있다는 것을 알아본다.

물론 작업 현장에는 숫자로 나타낼 수 없는 요소도 분명히 있다. 하지만 구체적이고 객관적인 숫자로 평가할 수 있는 부분이 적지 않다. 실제로 비즈니스와 경영의 성과는 영업 부문의 보고 서류에서 경리 부문의 결산서까지 모두 숫자로 바꿔서 보여 준다. 그러므로 회사의 숫자는 회사 그 자체를 나타낸다고 볼 수 있다. 따라서 숫자를 판단하고 다루는 데 서투른 사람은 부기와 회계에 대한 지식이 없어서라기보다는 회사의 숫자를 너무 어렵게만 생각한다고 볼 수 있다. 즉 '나무만 보고 숲은 보지 않는다'는 말처럼 개개의 숫자에만 집착한 나머지 이익을 추구하는 회사의 활동 그 자체를 보지 못하기 때문이다. 이때 시점을 달리하여 숫자 전체를 상징하는 매출액, 비용, 이익이라는 측면에서 파악한다면 마치 스펀지가 물을 빨아들이듯 이해력이 높아질 것이다.

이 책에도 매우 많은 숫자가 등장하는데, 이 모든 숫자들을 매출액, 비용, 이익으로 집약했다. 이것들은 사칙연산으로 구한 간단한 것들뿐이다. 다만 이해하기 힘든 부분이 나눗셈인데, 이것은 나누어지는 숫자가 분자, 나누는 숫자가 분모로 된 분수로 표시하기 때문이다. 그러나 나눗셈에도 일정한 법칙이 있다는 사실을 알면 더 빨리 이해할 수 있다. 또한 '%'로 표시하는 숫자일 경우, 비용에서는 작은 숫자가 좋고, 매출액과 이익에서는 큰 숫자가 좋다. 그리고 '倍'와 '回'로 표시하는 숫자일 경우에는 '倍'는 작은 숫자가, '回'는 큰 숫자가 좋다.

　여러분이 이 책을 읽은 뒤, 부기와 회계에 대한 별다른 지식이 없어도 회사의 숫자가 어렵지 않다는 생각과, 자격 시험에 도전해 볼 수 있겠다는 의욕이 생긴다면 나로서는 더 이상 바랄 게 없다.

지은이

프롤로그

1. 회사의 숫자 원점은 '가계'에 있다

2. 회사의 구성 요소는 '人·金·物'

3. 회사의 숫자는 결산서에 집약되어 있다

4. 캐시플로 계산서란 어떤 것인가?

4. 매출액은 효율적으로 중점 관리한다

5. 매출액 성장을 보여 주는 라이프 사이클

6. 매출액 공헌도는 월별 변동으로 점검

7. 변동폭이 큰 상품의 매출액을 파악한다

8. 매출액은 환경의 영향을 받는다

제2장 · 비용 조절로 효율성을 판단한다

1. 명확치 않은 '들어간 자금'의 내용

2. 매출 원가란 무엇을 말하는가?

3. 제조업의 원가 명세서 파악하는 법

4. 원가는 직접비와 간접비로 나눈다

9. 자산을 비용으로 바꾸는 절차가 있다

제3장 • 이익을 보면 회사 전체를 파악할 수 있다

1. 회사의 최종 목적은 이익을 얻는 것

2. 회사에는 많은 이익이 있다

3. 이익 못지않게 중시하는 지표가 있다

4. 상품을 분류하는 방법

5. 매가를 결정하는 기준은 정해져 있다

6. 상품을 조화시켜 이익을 올린다

7. 잘 팔릴지의 여부를 판단할 수 있다

제4장 • 회사의 실태를 파악하는 경영 분석 방법

1. 회사의 숫자를 파악하는 기준은?

왜 매출액 · 비용 · 이익만으로 충분한가?

회사의 숫자는 결산서에 집약되어 있으며,
대부분은 '매출액·비용·이익'으로 묶을 수 있다.
여기에 '人·金·物'을 더하면
숫자를 좀 더 쉽게 이해할 수 있다.

1 회사의 숫자 원점은 '가게'에 있다

'매출액·비용·이익'을 '入·出·殘'으로 파악한다

●큰 틀을 파악하는 일부터 시작한다

"건강을 위해서 무엇을 먹으면 좋을까?"라고 물었을 때, 과연 어떤 대답이 정답일까? "밥과 빵은 물론 육류, 계란, 우유, 시금치, 사과 등을 먹는 것이 좋다"고 말해도 틀리진 않는다.

그러나 이런 대답보다는 "우선 건강에 필요한, 우리 몸의 에너지원이 되는 탄수화물, 지방, 단백질 그리고 미네랄과 비타민류를 섭취하면 좋다. 구체적으로 탄수화물인 쌀, 빵……"이라고 대답하는 것이 훨씬 이해하기가 쉽다.

먼저 중요한 것을 파악한 다음, 그에 관련된 사항을 하나씩 파악해 나가야 한다. 이러한 방식은 비즈니스 세계에서 사용하는 다양한 숫자를 이해하는 데도 적용할 수 있다. 실제로 회사의 모든 장소(공장이나 매장 등)나 활동을 할 때도 여러 가지 숫자가 난무하고 있는데, 회사의 본질을 생각한다면 이 숫자들은 매우 단순하다는 것을 알 수 있다.

회사는 원자재를 구입하여 제품을 만들거나, 상품을 사들여 판매하는 등 서비스를 제공한다. 다시 말해 제품을 만들고, 상품을 판매하며, 서비스를 제공한 결과가 바로 **매출액**이고, 이를 위해 들어간 자금이 **비용**이다. 그리고 최종적으로 수중에 들어오는 성과가 **이익**이다. 그러므로 회사가 활동한 성과는 간단히 말해 매출액, 비용, 이익이라는 3가지 요소로 크게 나타낼 수 있다.

●회사의 결산서는 가정의 가계부

이러한 회사의 활동을 가정에 비유해 보면 좀 더 쉽게 파악할 수 있다. 회사원으로 일하는 남편의 봉급은 수입이다. 만일 아내도 일할 경우 그것도 수입에 포함된다.

수입 가운데 식비, 광열비는 물론, 융자를 받아서 주택을 구입했다면 그것까지 포함한 지불이 바로 지출에 해당한다. 그리고 한 해 동안의 수입과 지출을 계산한 결과, 수입이 지출을 웃돌면 남은 돈을 저축한다. 이처럼 가정 안에서 돈의 출입이 '가계'이고, 그것을 모두 기록한 것이 '가계부'다. 즉 수입, 지출, 저축이라는 가계의 구조는 '入·出·殘' 또는 늘거나 줄어드는 성질도 있기 때문에 '增·減·殘'의 관계라 할 수 있다.

좀 더 부연 설명하면, 남은 돈을 저축하거나 자동차와 가구를 구입하면 그것은 자산이다. 그리고 주택을 융자받아 구입했기 때문에 그 융자금은 그대로 부채가 된다. 이 자산과 부채를 모두 합한 것이 재산이며, 자산이 부채보다 많을 경우 그 금액만큼 자유롭게 사용할 수 있는 돈이 회사로 보면 자본이 된다.

융자금에 대해서도 '入·出·殘'의 관계가 성립한다. 돈을 빌리는 것은 '入', 갚는 것은 '出', 아직 변제하지 않은 돈이 '殘'이다.

자산과 부채를 합친 재산도 모두 수입, 지출, 저축의 관계에서 발생했다고 볼 수 있다. 자동차나 가구는 팔면 수입이 되지만, 빌

프롤로그 왜 매출액·비용·이익만으로 충분한가?

린 돈은 갚으려면 다른 돈을 지출해야 하기 때문에 비용에 해당한다.

●부서마다 사용하는 숫자가 달라서 당황한다

회사의 경우, 수입은 매출액, 지출은 비용, 저축은 이익으로 대치할 수 있고, '入·出·殘'의 관계 또한 마찬가지다. 이처럼 회사의 숫자는 매출액, 비용, 이익의 3가지 요소로 집약할 수 있다. 그러므로 회사의 모든 숫자가 매출액, 비용, 이익과 연결된다고 보는 것이 숫자를 이해하는 지름길이다.

그럼에도 '숫자에 약하다', '별로 관계하고 싶지 않다'는 이야기를 하는 이유는 부서마다 취급하는 숫자가 다르고, 회사의 활동은 매출액, 비용, 이익으로 집약할 수 있다는 중요한 관점이 빠졌기 때문이다. 예를 들어 상품을 파는 최전선인 영업 현장만 봐도, 대금 회수는 물론 상품과 거래처의 관계를 보기 위해서 일상적으로 사용하는 숫자가 매우 많다.

흔히 숫자에 강해지려면 우선 숫자와 친해지고, 숫자가 어떤 목적으로 사용되는지를 정리한 뒤에 체계를 세워 이해해야 한다고 말한다. 요컨대, 회사는 모든 숫자를 매출액, 비용, 이익으로 집약시켜 서로 연결지음으로써 최종 목적인 이익을 추구한다.

●매출액 · 비용 · 이익의 관계가 달라지고 있다

회사의 활동을 매출액, 비용, 이익의 관계로 볼 때, 기본적으로 다음과 같은 2가지 계산식으로 요약할 수 있다.

■ 가정과 회사를 판단하는 숫자는 기본적으로 같다

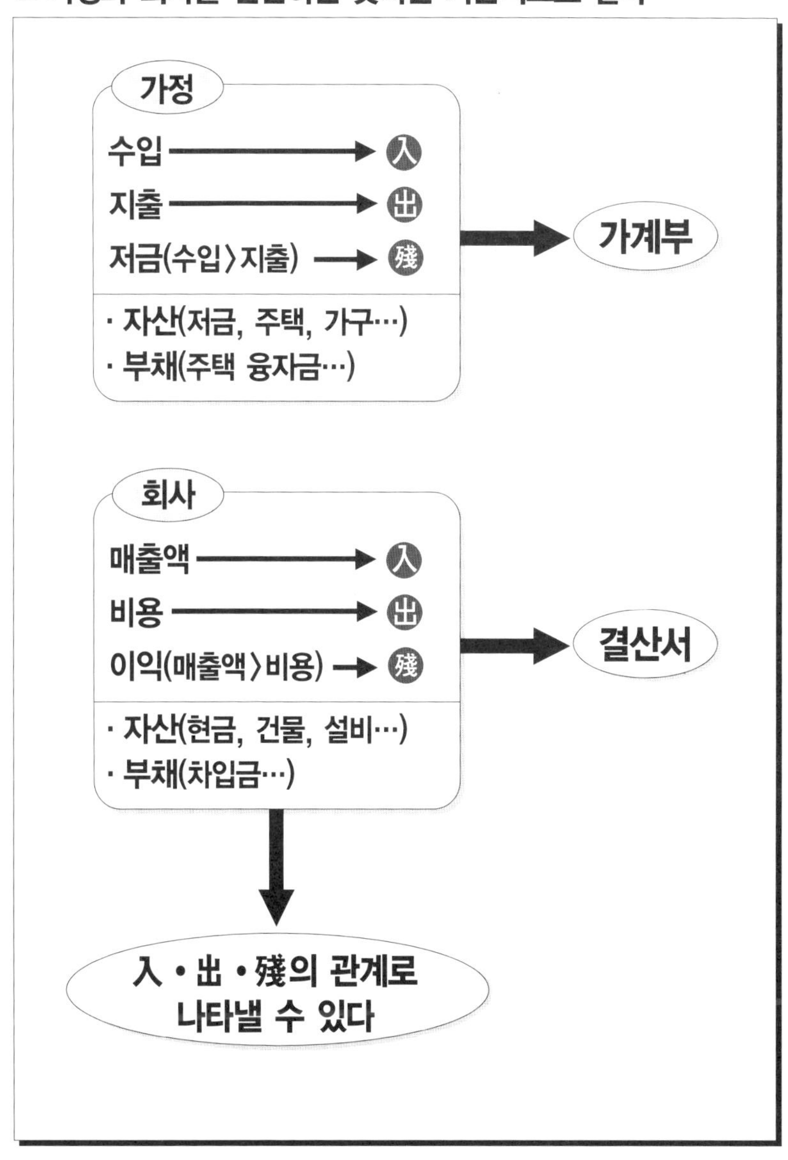

① 매출액－비용＝이익

② 이익＝매출액－비용

3가지 요소의 자리만 바꾸었을 뿐 별 차이가 없다고 생각할 수도 있겠지만, 사실은 큰 차이가 있다.

①의 계산식은 매출액이 있고, 그 매출액을 위해 사용된 비용을 제한 결과 얻어진 것이 이익이라는 '시장에 맡기는' 경영 방식이다. 이때 이익이 극히 적다거나 아예 나지 않는다면, 매출은 늘지 않았는데 비용이 많이 들었기 때문에 '별 도리가 없다'는 식의 소극적인 경영을 펼친 것이다.

②의 계산식은 이익은 저절로 나오는 게 아니라 만들어 낸다는 사고방식이다. 매출액 증가를 기대할 수 없다면, 나가는 비용을 최대한 줄여서 이익을 확보하려는 계획적인 경영 방식이다.

오늘날은 보다 적극적이고 계획적인 경영을 요구하므로, '매출액－목표 이익＝허용 비용', '목표 이익＋필요 비용＝필요 매출액'이라는 방식을 당연하게 여긴다.

■ **매출액 · 비용 · 이익의 달라진 관계**

• **매출액 − 비용 = 이익**

(시장에 맡기는 경영)

• **이익 = 매출액 − 비용**

(계획적인 경영)

• **매출액 − 목표 이익 = 허용 비용**

• **목표 이익 + 필요 비용 = 필요 매출액**

(적극적, 계획적인 경영)

이익은 만들어 내는 것 !

2 회사의 구성 요소는 '人·金·物'

경영 자원, 효율성, 생산성이 키워드

●기업의 모든 활동과 연관되어 있다

'회사는 무엇으로 가능한가?'를 알면 매출액, 비용, 이익이라는 3가지 요소의 관계와 중요성이 더욱 명확해진다.

매출액, 비용, 이익은 생산, 가공, 판매를 통한 기업 활동의 성과이며, 그 활동을 위해서 빼놓을 수 없는 것이 다음의 3가지 요소다.

① 人
② 金
③ 物

이 3가지 요소는 모두 경영 자원에 속하고, 기업의 모든 활동과 연관되어 있다. '人'이란 경영 자원에서 가장 중요한 노동력을 말한다. '金'이란 회사가 유지되고 발전하는 데 필요한 자금으로, 자본을 의미하며, '物'은 제품을 판매하는 설비와 판매할 상품을 뜻한다. 그 밖에 경영 자원에는 정보와 노하우가 있지만, 이 또한 '人·金·物'이 만들어 낸다.

그러므로 회사는 경영 자원을 효율적으로 이용하여 이익을 만들어 내고, 그 이익을 '人·金·物'에 되돌리는 순환을 되풀이하며 성장·발전한다.

■ 회사를 움직이는 3가지 경영 자원

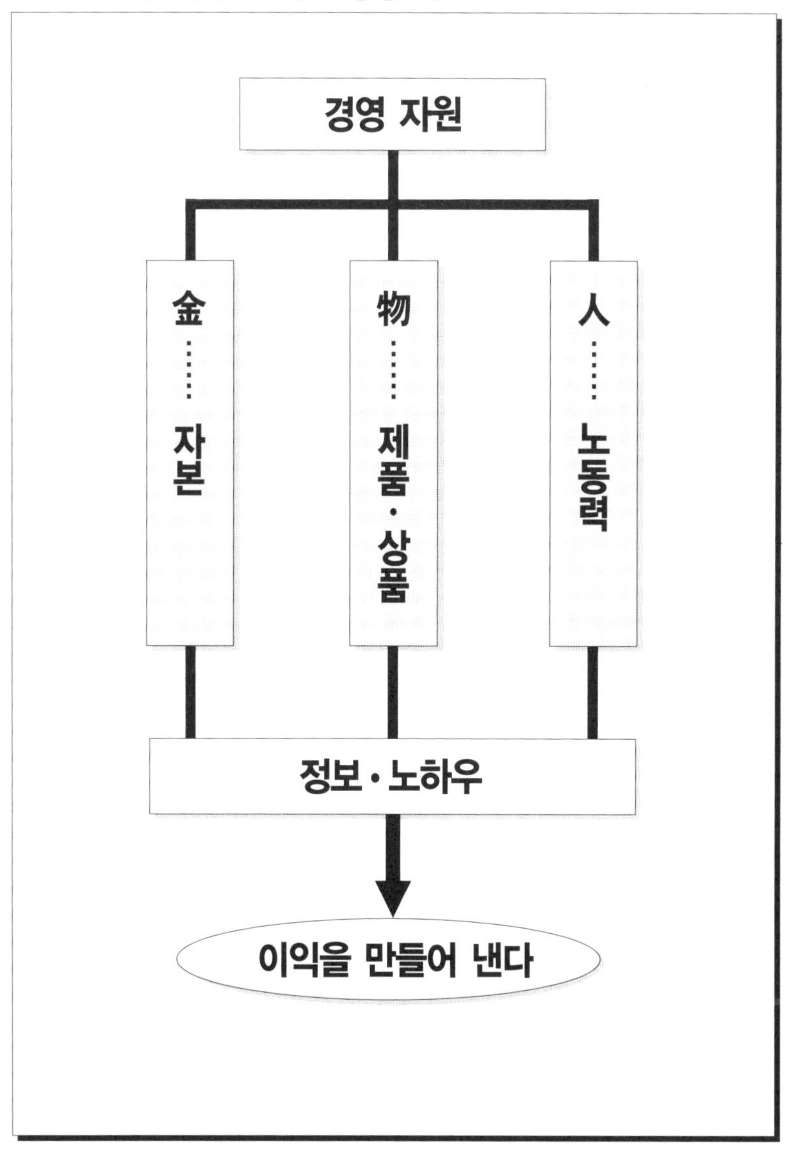
경영 자원
金 …… 자본
物 …… 제품·상품
人 …… 노동력
정보·노하우
이익을 만들어 낸다

●효율성을 재는 척도는 생산성

효율성은 '일석이조(一石二鳥)'라는 말을 떠올리면 쉽게 알 수 있다. 돌멩이 하나로 2마리의 새를 잡는다는 것은, 1가지 일로 2가지의 이익이나 효과를 올리는 것이다.

'최소의 노력으로 최대의 효과'라는 말도 이와 같은데, '人·金·物'이라는 경영 자원의 투입을 최소화해서 많은 매출액과 이익을 올리는 것을 말한다. 예를 들어 100명의 종업원이 50억 엔의 매출을 올리는 회사와 80명인 회사가 50억 엔의 매출을 올릴 경우를 비교할 때, 아무래도 80명인 회사가 '효율성이 높다'고 할 수 있다. 그러므로 회사는 경영 자원을 투입하여 얼마만큼의 성과를 올리는지 그 효율성을 잴 필요가 있다.

효율성을 재는 척도는 생산성이며, 경영 자원과의 관계에 따라 3가지로 분류할 수 있다.

① 노동 생산성
② 자본 생산성
③ 재고 생산성

생산성은 투입된 경영 자원이 매출액, 이익이라는 성과를 얼마만큼 산출했느냐를 보는 것이므로, 생산성이 높다는 것은 효율성이 좋다는 것이다. 따라서 이와는 달리 투입된 경영 자원이 충분한 성과를 올리지 못했다면, 이는 생산성이 낮음을 의미한다. 흔히 생산성 하면 노동 생산성을 말할 정도로 중시하고 있다.

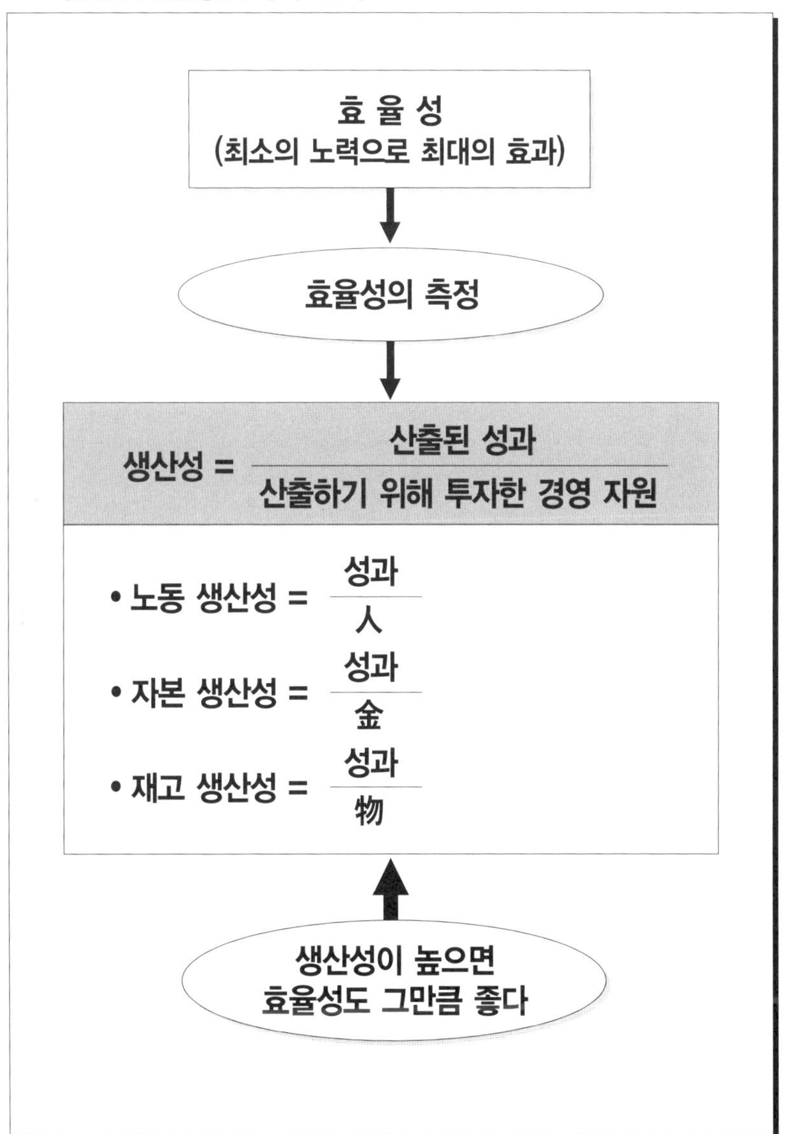

효 율 성
(최소의 노력으로 최대의 효과)
효율성의 측정
생산성 = 산출된 성과 / 산출하기 위해 투자한 경영 자원
• 노동 생산성 = 성과 / 人
• 자본 생산성 = 성과 / 金
• 재고 생산성 = 성과 / 物
생산성이 높으면
효율성도 그만큼 좋다

3 회사의 숫자는 결산서에 집약되어 있다

대차 대조표와 손익 계산서는 자동차의 양 바퀴와 같다

●연간 이익을 나타내는 B/S와 P/L

결산서, 즉 재무제표는 회사의 숫자를 집대성한 것이다. 이것은 '회사가 얼마나 벌고 있나'라는 회사의 모든 정보를 총망라하고 있기 때문에 회사의 성적표라고도 할 수 있다.

결산서는 ①대차 대조표(B/S), ②손익 계산서(P/L), ③영업 보고서, ④이익 처분안, ⑤부속 명세서로 구성되며, 그 가운데 중심이 되는 것은 대차 대조표와 손익 계산서다.

대차 대조표는 결산 시 기업 활동의 결과, 재산의 규모를 보여 준다. 이것을 통해 회사의 규모와 자금 조달, 운용을 알 수 있다. 가계로 치자면 저금통장과 융자금의 잔고, 건물과 자동차 등의 자산 평가액을 표로 나타낸 것이다.

이에 비해 손익 계산서는 결산할 때 기업 활동의 결과, 매출액을 얼마나 올렸고, 비용은 얼마나 들었는지 그리고 그 차액인 이익은 얼마나 되는지를 보여 준다. 이것은 가계부의 수입, 지출의 연간 총합계에 해당한다.

대차 대조표와 손익 계산서는 자동차의 양 바퀴로 비유할 수 있는데, 양쪽 모두 연간 이익(당기 순이익과 당기 미처분 이익)을 표시하고 있으며, 그 액수는 똑같다. 대차 대조표는 자본의 증감에 따라 이익을 계산하고, 손익 계산서는 수익과 비용의 차이에 의해 이익을 계산한다는 점만 다를 뿐이다. 더욱이 수익은 회사에 들어온 돈으로, 매출액을 비롯하여 영업외 수익과 특별 이익도 포함하지만, 그 대부분은 판매 성과로 이루어진 매출액이다.(33쪽 참고)

이처럼 회사의 최종 목적은 이익을 얻는 데 있다. 이때 손익 계산서는 이익을 어떻게 얻고 있는가에 대한 메커니즘을 보여 준다. 그러므로 회사의 숫자를 점검할 경우, 손익 계산서부터 살펴보는 것이 이해하기 쉽다. 회사에 대해서 무엇보다 먼저 '매출이 얼마, 이익이 얼마' 인지 화제로 삼는 이유는 이 2가지가 가장 알고 싶은 요소이기 때문이다. 이 2가지를 알면 비용은 뺄셈으로 짐작할 수 있고, 자본금, 종업원 수, 차입금 등을 보충 정보로 파악하면 회사의 개요가 드러난다.

요컨대, 기업 활동의 상황은 '**수익 − 비용 = 이익**' 이라는 관계를 나타내는 손익 계산서를 점검하면 알 수 있다. 이러한 손익 계산서는 도표에서도 알 수 있듯이, 수익률을 파악하는 데 편리한 3가지 수익, 4가지 비용, 5가지 이익으로 나뉜다.

대차 대조표와 손익 계산서를 읽는 법을 살펴보자. 대차 대조표는 자본부→부채부→자산부의 순서로 보면 그 회사의 특징을 쉽게 파악할 수 있고, 손익 계산서는 아래쪽의 당기 이익부터 살펴보면 이익이 어디에서 나왔는지를 알 수 있다. 예를 들어 경상 이익이 좋더라도, 영업외 이익인 주식을 팔아서 경상 이익을 높여 실체보다 크게 보이는 경우가 있기 때문이다.

■ 회사의 숫자를 파악하기 위해 중요한 2가지 서류

재산을 보여 주는 대차 대조표
자금의 용도
자산부
유동 자산
고정 자산
합계
부채부
유동 부채
고정 부채
자본부
자본금
잉여금
당기 미처분 이익
합계
자금의 명세
일치한다
자산 − 부채 = 자본
자본의 증감에 따라 이익을 계산한다

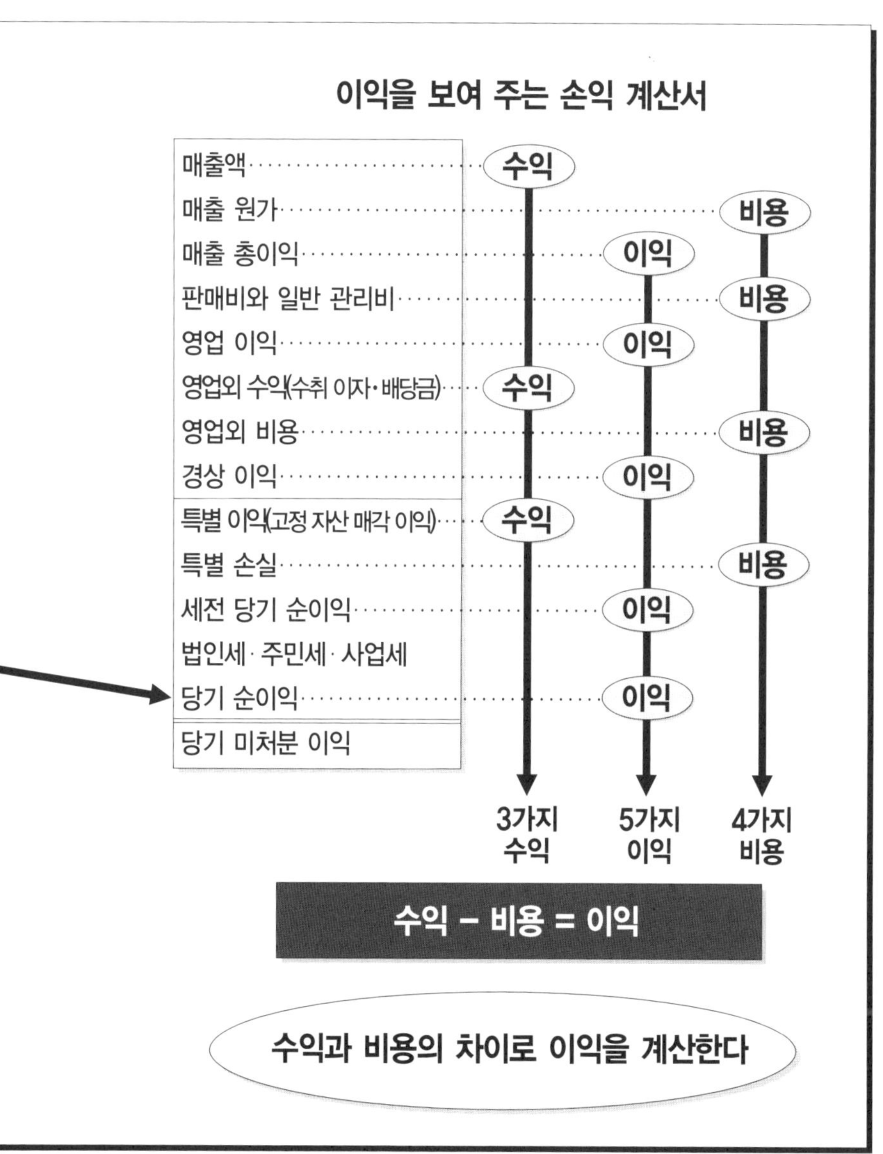

이익을 보여 주는 손익 계산서
매출액
매출 원가
매출 총이익
판매비와 일반 관리비
영업 이익
영업외 수익(수취 이자·배당금)
영업외 비용
경상 이익
특별 이익(고정 자산 매각 이익)
특별 손실
세전 당기 순이익
법인세·주민세·사업세
당기 순이익
당기 미처분 이익
수익
비용
이익
비용
이익
수익
비용
이익
수익
비용
이익
이익
3가지 수익
5가지 이익
4가지 비용
수익 − 비용 = 이익
수익과 비용의 차이로 이익을 계산한다

4 캐시플로 계산서란 어떤 것인가?

현금의 출입을 명확히 알 수 있다

●활동 구분을 영업·투자·재무로 분류

제3의 재무제표로서 개시(開示)가 의무화되어 있는 것이 캐시플로 계산서(C/F)다.

캐시플로란 현금이라는 뜻의 캐시와 흐름이라는 뜻인 플로의 합성어로 현금의 흐름을 말한다. 즉 회사에서 현금의 출입을 의미하고, 현금의 수입과 지출을 나타낸다.

캐시는 엄밀하게 말하면 현금 이외에 현금 동등물(現金同等物)도 포함한다. 현금 동등물은 손쉽게 환금이 가능하기 때문에 즉시 이용할 수 있는 돈이다.

C/F는 B/S, P/L만으로는 파악할 수 없었던 캐시의 동향을 명확히 나타낼 수 있다는 점에서 주목받는다. C/F는 캐시플로의 상황을 일정한 활동으로 구분하여 연말에 캐시를 정산하는 계산서로서, 활동 구분은 3가지로 나눈다.

① 영업 활동에 의한 캐시플로

② 투자 활동에 의한 캐시플로

③ 재무 활동에 의한 캐시플로

이렇게 3가지로 구분하는 이유는 단순히 캐시의 증감만이 아니라 어느 활동에 의해 캐시가 증감했는지 알 수 있어 기업의 활동

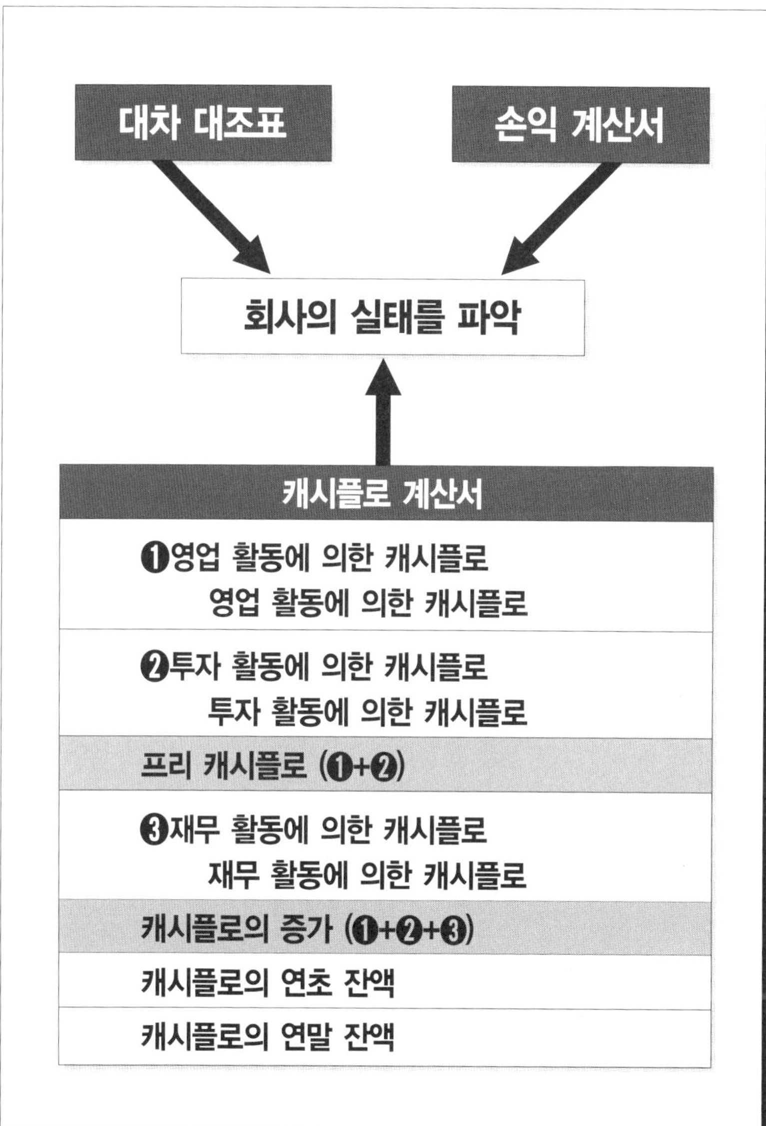

프롤로그 왜 매출액·비용·이익만으로 충분한가?

상황을 파악할 수 있기 때문이다.

　영업 활동에 의한 캐시플로에 투자 활동의 캐시플로를 합한 것이 회사가 자유롭게 쓸 수 있는 자금인 프리 캐시플로다. 이 프리 캐시플로의 크기는 기업 평가에 커다란 영향을 주기 때문에 캐시플로를 중시하는 경영을 요구한다.

●이익과 캐시의 차이

　또한 C/F를 검토하면 회사의 실태를 좀 더 실질적으로 파악할 수 있다. P/L을 보면 회사의 이익이 어떻게 나왔는지 알 수 있는데, 이익은 매출에서 비용을 제하여 산출한다.

　회사는 원래 물건을 사든 팔든, 그 대금이 동시에 회수되지 않는 거래 형태가 압도적으로 많다. 요컨대, 이익은 실제의 현금 동향에 관계없이 매출과 이익이 발생했다는 사실만으로 계산한다. 단적으로 말하면, 비용을 줄여서 이익을 많이 본 것처럼 할 수도 있다는 것이다.

　이에 비해 캐시플로는 현금이 움직여야 비로소 발생한다. 실제로 들어온 현금 수입에서 실제로 나간 현금 지출을 뺀 것이 캐시플로다. 그런 점에서 캐시플로 계산서는 매매가 모두 현금으로 결제되는 건전한 가정의 수입·지출 상황을 보여 주는 가계부와 비슷하다. 그러므로 회사의 실태를 파악하려면 캐시플로 계산서를 반드시 검토할 필요가 있다.

■ 이익과 캐시는 어떻게 다른가?

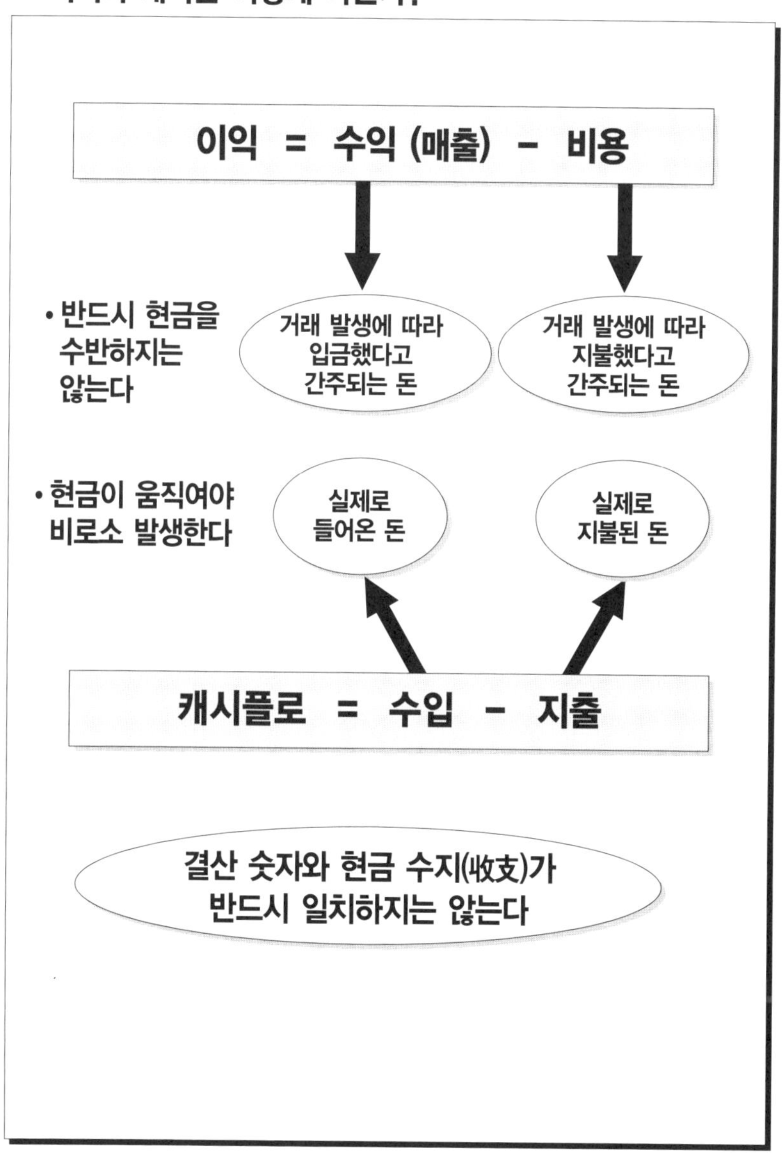

프롤로그 왜 매출액·비용·이익만으로 충분한가?

5 3가지로 집약되는 회사의 숫자

부기에 관한 지식보다 이익을 추구하는 경영자의 감각이 필요하다

● 주어진 데이터를 이용해 문제를 해결할 수 있는 능력

'비즈니스 세계는 모두 숫자로 평가된다' 는 말이 결코 과장이 아닌 것은, 숫자가 지닌 객관적이고 구체적인 특징으로 알 수 있다. 그만큼 숫자에 강하지 않은 사람은 회사에서 설자리가 없다는 냉혹한 표현도 나올 수 있으며, 반대로 숫자에 강한 사람이야말로 회사에 필요한 인재라고 할 수 있다.

'숫자에 강하다' 는 의미는 '계수(計數) 감각이 뛰어나다' 는 것으로 바꿔 말할 수 있다. 이는 단순히 데이터를 집계하는 계산 능력보다 여러 가지 데이터를 사용해 문제를 해결할 수 있는 능력을 말한다.

그런데 회사에서 사용하는 숫자를 이해하려면, 부기에 관한 기초 지식이 필요하다고 생각하는 사람이 많다. 물론 부기를 잘 안다면 금상첨화겠지만, 비즈니스맨에게 필요한 요소는 오히려 이익을 추구하는 경영자의 감각이다. 회사의 숫자는 기본적으로 매출액, 비용, 이익으로 표시하기 때문에, 숫자 하나하나에 신경을 쓰는 경리 직원 같은 자세보다도 전체를 파악하는 경영자 감각으로 살펴보는 것이 훨씬 이해하기 쉽기 때문이다.

●나눗셈에는 일정한 법칙이 있다

숫자를 볼 때 사칙연산으로 구한 계산식에는 일정한 성향이 있다는 것을 알면 이해하기가 쉽다. 덧셈, 뺄셈, 곱셈의 3가지로 더하거나 빼거나 곱해서 사용하는 모든 숫자는 계산식의 주 요소가 된다.

나눗셈의 경우도 기본적으로 다르지 않다. 나눗셈은 나누어지는 숫자가 분자, 나누는 숫자가 분모인 분수로 표현할 수 있다. 나눗셈으로 구한(분수로 표현된) 숫자는 다음과 같은 특징이 있다.

〈％로 표시된 숫자〉

① 비율이 작을수록 좋다—매출액에 대한 인건비의 비율 등 '비용'에 관한 숫자

② 비율이 클수록 좋다—매출액에 대한 이익의 비율과 시장 점유율 등 '매출액, 이익'에 관한 숫자

〈'회'와 '배'로 표시된 숫자〉

① 숫자가 작을수록 좋다—주가를 1주 이익으로 나누어 구한 주가 수익률 등 '배(倍)'로 표시하는 숫자

② 숫자가 클수록 좋다—상품의 동향을 파악하는 상품 회전율과 자본 회전율 등 '회(回)'로 표시하는 숫자

이처럼 회사의 숫자는 중요성의 차이가 조금씩 있긴 하지만, '매출액·비용·이익'과 '人·金·物'과 연결되어 있다. 다른 부분에서도 숫자가 어떤 의미를 지니고 어떤 목적으로 사용되는지를 고려하면, 숫자를 읽는 일은 결코 어렵지 않다.

프롤로그 왜 매출액·비용·이익만으로 충분한가?

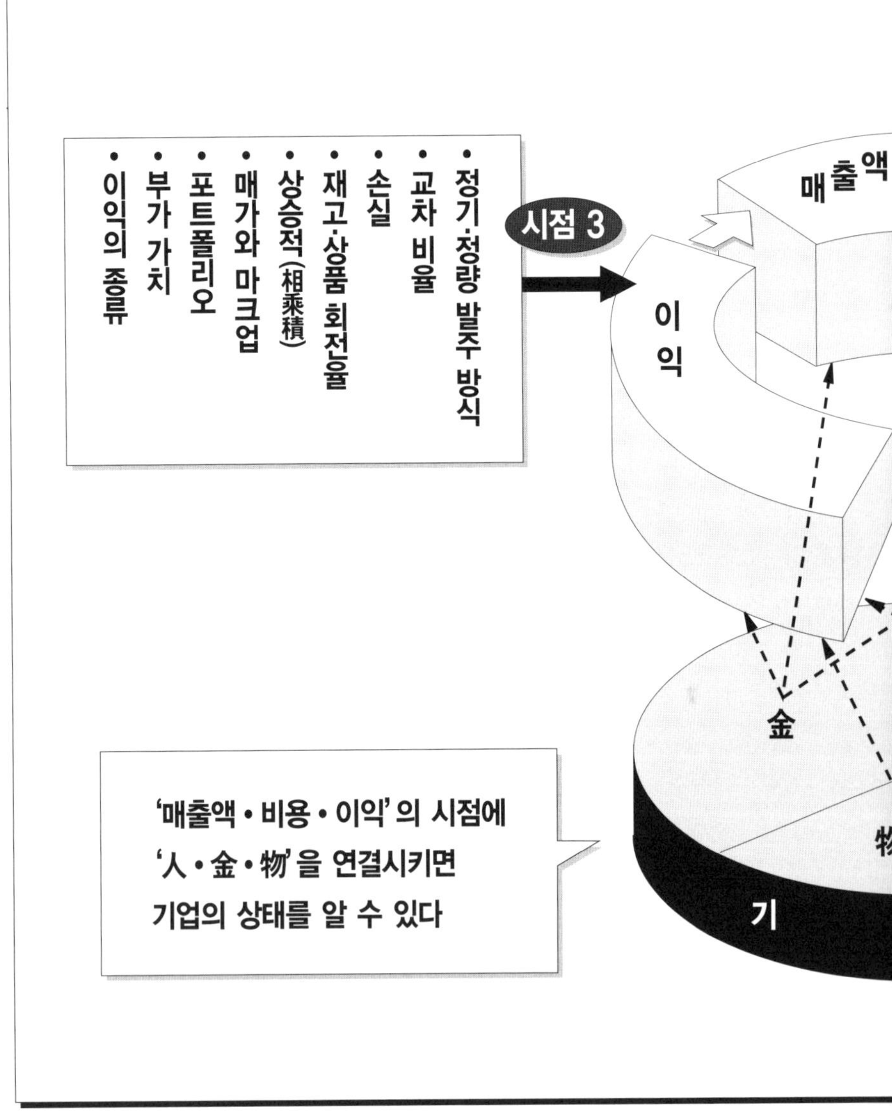
• 정기·정량 발주 방식
• 교차 비율
• 손실
• 재고·상품 회전율
• 상승적 (相乘積)
• 매가와 마크업
• 포트폴리오
• 부가 가치
• 이익의 종류
시점 3
매출액
이익
金
物
기
'매출액·비용·이익'의 시점에
'人·金·物'을 연결시키면
기업의 상태를 알 수 있다

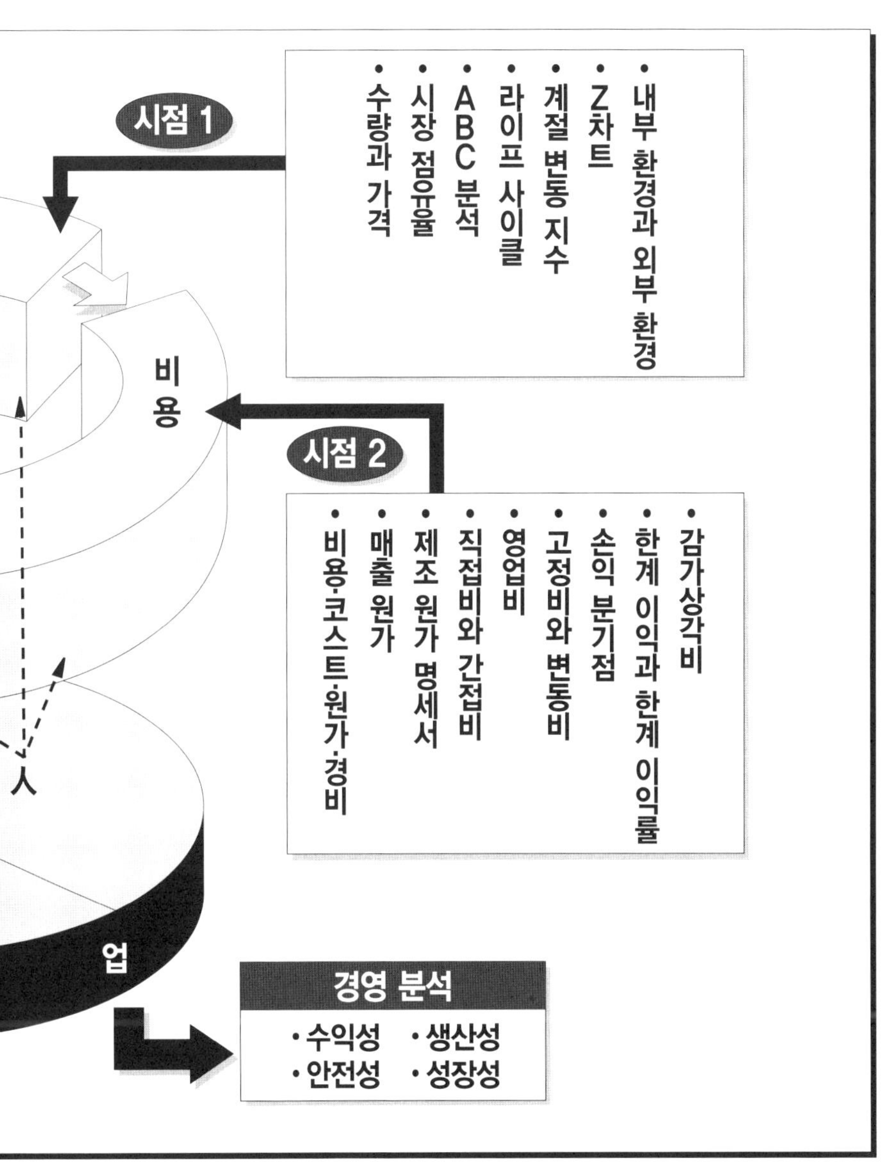
시점 1
내부 환경과 외부 환경
Z차트
계절 변동 지수
라이프 사이클
ABC 분석
시장 점유율
수량과 가격
시점 2
감가상각비
한계 이익과 한계 이익률
손익 분기점
고정비와 변동비
영업비
직접비와 간접비
제조 원가 명세서
매출 원가
비용·코스트·원가·경비
비용
업
人
경영 분석
수익성 생산성
안전성 성장성

제1장

매출액에서 판매 전략을 파악한다

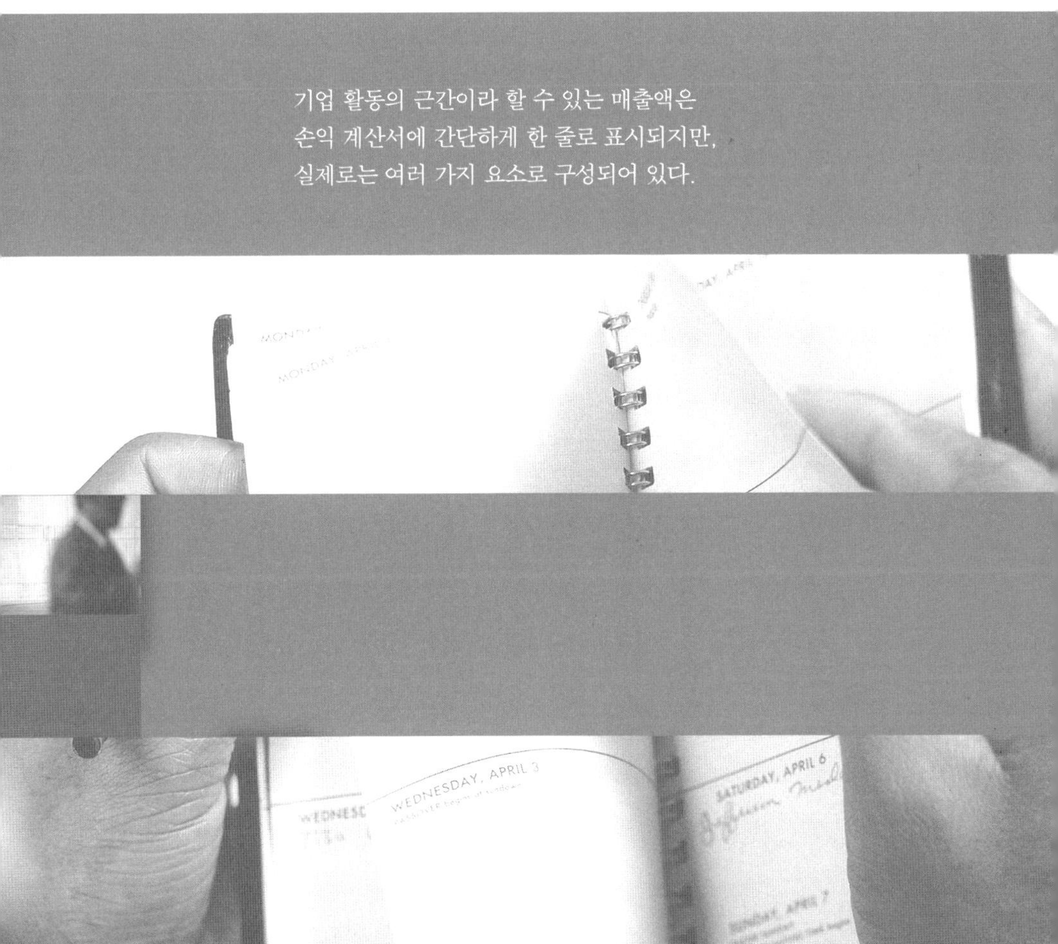

1 회사의 숫자에서 매출액은 왜 중요한가?

회사의 실적과 성장성을 알 수 있을 뿐만 아니라 비용과 이익도 좌우한다

●가장 기본적이고 중요한 회사의 숫자

비즈니스맨끼리 회사 이야기를 나눌 경우, 첫마디가 '그쪽 회사는 매출액이 어느 정도 되나?' 라는 말이 나올 만큼 매출액은 비즈니스 세계에서 가장 기본적이고 중요한 숫자다. 그 이유는 다음의 2가지로 요약할 수 있다.

① 기업 규모를 곧바로 판단할 수 있다

② 비용과 이익을 좌우한다

회사의 지명도는 낮아도 회사의 크기(기업 규모)를 쉽게 알 수 있는 숫자가 매출액이다. 매출액이 1,000억 엔이라면 대기업이고, 주식 시장에도 상장되었으리라고 판단할 수 있다. 매출액이 10억 엔이라면 중소기업에 속하겠지만, 개인 사업일 경우 매출액이 5억 엔이라면 '사업 수완이 상당하다' 는 평가를 받는다. 또한 매출액은 크기뿐만 아니라 증감으로도 사업 실적과 성장성을 알 수 있는 중요한 지표다.

매출액이 매년 전년도를 상회한다면 이는 계속 성장하고 있다는 것으로, 그 증가율이 높을수록 사업 실적이 향상됨을 뜻한다. 바로 이러한 이유로, 매출액은 사업 실적과 성장성을 보여 주는 지표다.

■ 매출액은 기업 활동의 근간

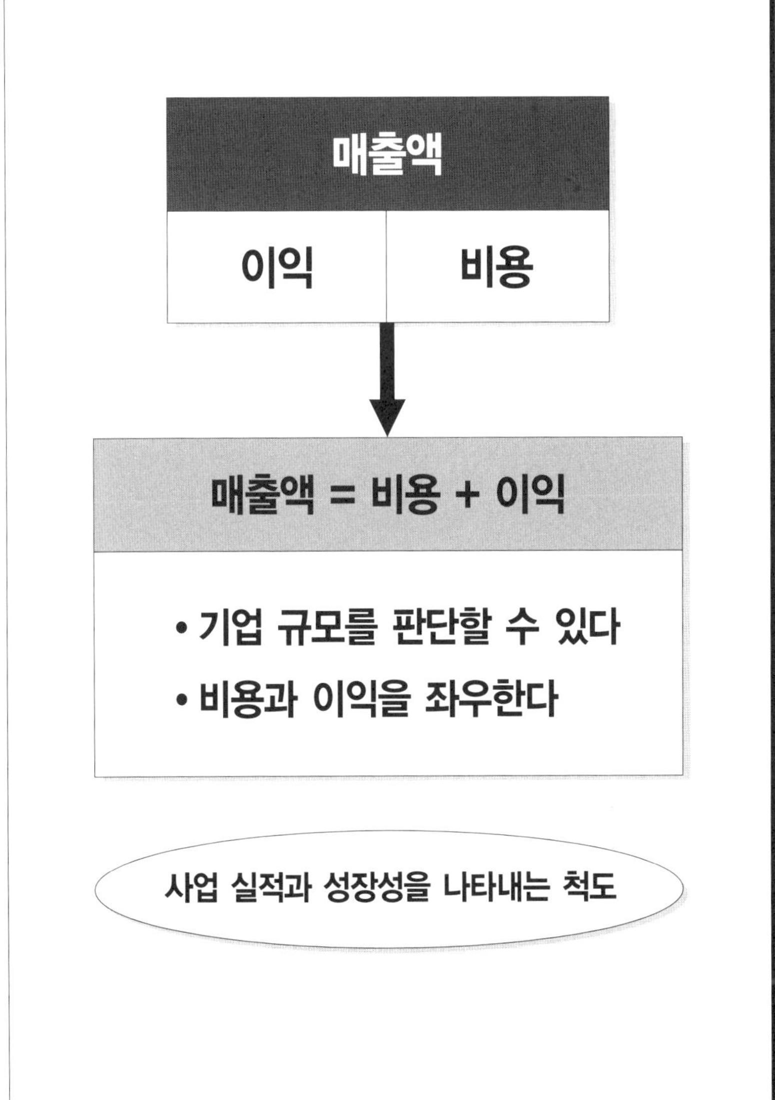
매출액
이익
비용
매출액 = 비용 + 이익
• 기업 규모를 판단할 수 있다
• 비용과 이익을 좌우한다
사업 실적과 성장성을 나타내는 척도

● **기업 활동이 날마다 거듭되므로 생겨난다**

매출액은 '매출액＝비용＋이익'으로 나타낼 수 있는데, 이때 비용과 이익의 크기는 매출액이 좌우한다. 매출액이 기업 활동의 근간인 것은 기업 활동의 목적이 매출을 늘려 이익을 얻는 데 있기 때문이다.

매출액에서 비용을 뺀 나머지가 이익인데 그 이익도 매출에 비례한다. 그러므로 회사의 숫자를 분석하기 위한 계산은 매출액을 근간으로 하는 예가 많기 때문에 경영 지표로 중요하다. 경기가 좋지 않을 때는 매출액이 감소하기 때문에 가능한 한 비용을 줄여 이익을 확보하려는 경향이 강하지만, 본래 기업의 자세는 매출액을 늘려 이익을 얻는 것이다.

매출액은 기업 활동을 되풀이하여 생겨나고, 시간이 지나면서 변화하는 성질이 있다. 따라서 변화하는 매출액을 파악하는 방법이 중요하다. 그 포인트로 다음의 3가지를 들 수 있다.

① 금액으로 파악한다

② 비율로 파악한다

③ 지수로 파악한다

이 3가지 시점으로 파악하면 증감의 이유와 경향을 알 수 있고, 동업종 타사와의 비교, 검토도 수월하게 할 수 있다. 또한 매출액은 연도별뿐만 아니라 달, 요일, 시간, 상품, 부문별로 파악할 수 있어서 판매 활동에도 활용 가능하다.

■ 매출액은 3가지 포인트로 파악하면 알기 쉽다

① 금액으로 파악한다

매출 증가액 = 당년도 매출액 − 전년도 매출액

② 비율로 파악한다

$$수익\ 증가율 = \frac{당년도\ 매출액}{전년도\ 매출액} \times 100$$

③ 지수로 파악한다

$$당년도\ 매출액\ 지수 = \frac{당년도\ 매출액}{기준\ 연도\ 매출액} \times 100$$

증감 이유와 경향을 알 수 있고
비교도 쉽게 할 수 있다

제1장 매출액에서 판매 전략을 파악한다

매출액을 파악하는 시점은?

판매가 실현된 시점을 매출의 발생으로 삼는다

최근 경기가 좋은 업종인 할인점은 모두 현금 결제로 이루어진다. 상품을 현금으로 매입하고, 매입한 상품은 현금을 받고 판매한다. 이와 같이 현금의 수지에 따라 매출을 파악하고 계상(計上)해서 손익을 계산하는 방법을 '현금주의'라고 한다.

그러나 상품을 판 것은 좋지만 현금이 곧바로 들어오는 예는 적고, 신용 거래라고 해서 정해진 기일에 현금이나 어음으로 지불하는 상거래가 일반적이다. 소매업의 경우를 봐도 판매는 현금을 받고, 상품 매입비는 나중에 지불하는 경우가 허다하다.

따라서 매출을 계상하는 시점이 문제가 된다. 이럴 경우 대금 수령 여부와 상관없이, 판매자와 구매자 사이에 거래를 합의해 판매가 실현된 시점을 매상이 발생한 것으로 간주한다. 손익 계산은 '발생주의'가 원칙이기 때문이다.

다만 판매가 실현된 시점이라 해도, 상품을 실제로 발송한 시점과 납입된 상품을 상대가 확인한 시점 등 그 시점은 거래의 형태나 업종에 따라 다양하다. 그리고 신용 거래의 일반화는 매출과 이익에 직접 영향을 주는 대금 회수의 문제도 야기한다.

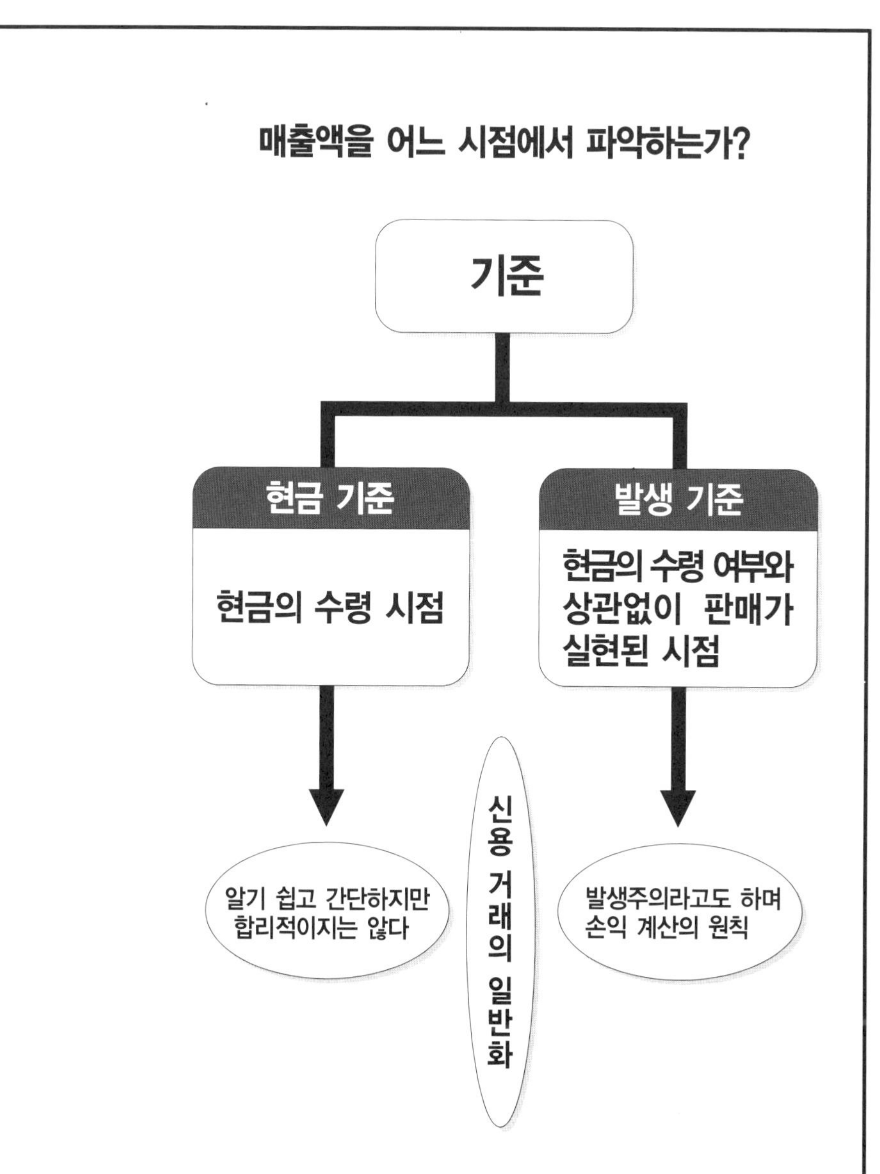
매출액을 어느 시점에서 파악하는가?
기준
현금 기준
현금의 수령 시점
발생 기준
현금의 수령 여부와 상관없이 판매가 실현된 시점
알기 쉽고 간단하지만 합리적이지는 않다
신용 거래의 일반화
발생주의라고도 하며 손익 계산의 원칙

2 매출액의 구성 요소는 단순 명료하다

가격과 수량을 세분화하면 시장이 보인다

●가격 파괴로 수량 올리기 전략

매출액은 회사의 숫자를 알기 위한 가장 중요한 경영 지표인데도, 수량과 가격(단가)이라는 극히 간단한 요소로 구성되어 있다. 예를 들어 유통업인 소매업을 보면, 손님이 어느 정도 방문해서 얼마만큼 돈을 지불했는가라는 객수(客數)와 객단가(客單價)에 따라 매출액이 정해진다.

요컨대, 매출액은 **'매출액 = 수량 × 가격(단가)'**로 나타낸다. '수량'은 객수, 판매 수량, '가격'은 객단가, 상품 단가로 대치시키면 업종간의 차이가 분명해져 쉽게 이해할 수 있다.

매출액이 수량과 가격의 2가지 요소로 구성되어 있다는 것은, 수량과 가격을 점검하면 매출액의 동향을 알 수 있다는 뜻이다. 매출액을 늘리는 단순한 방법은 수량을 늘리거나 가격을 올리는 것이 기본이다. 가격이 동일하다면 수량이 많아야 매출이 늘고, 같은 수량이라면 가격이 높을수록 좋다.

그러나 요즘은 '가격 파괴'라는 말이 나올 정도로 값싼 상품이 쏟아져 나오고 있지만, 가격을 내려도 이를 수량으로 메우는 전략을 적극적으로 받아들이는 상태다. 예컨대, 유통 업계에서는 영업 일수 증가와 영업 시간 연장을 통한 수량의 증가로 매출 신장을

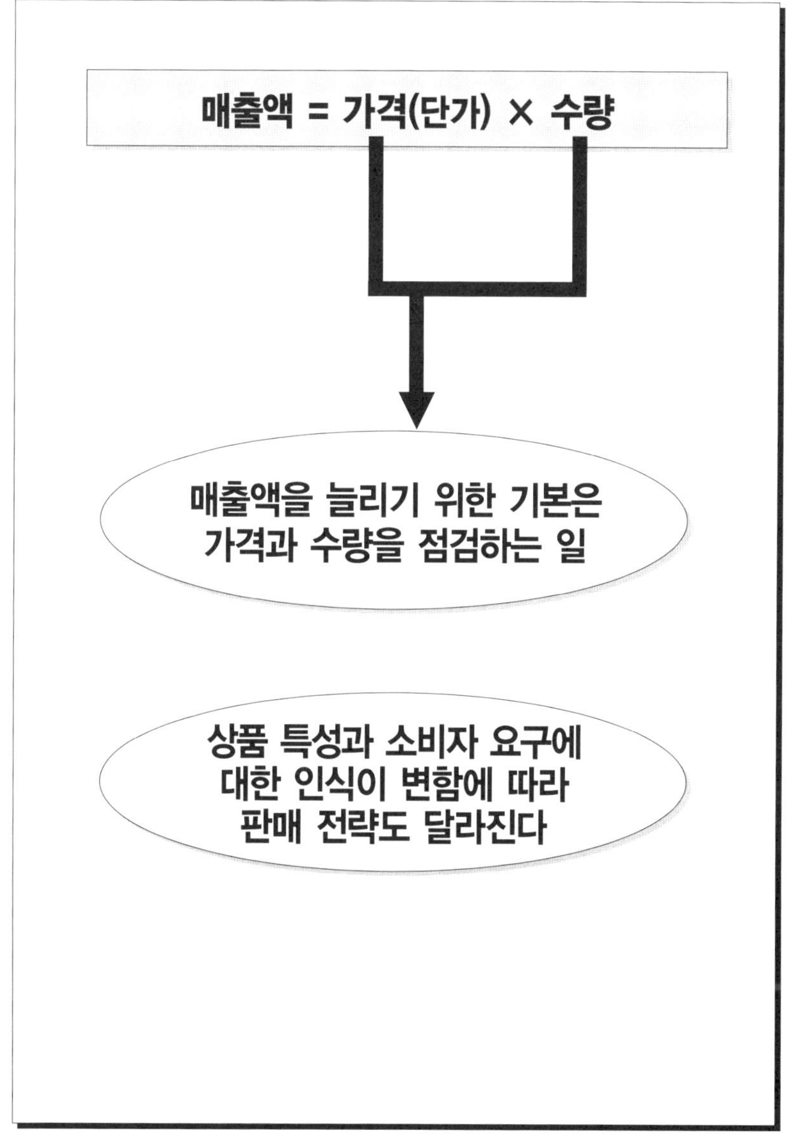
매출액 = 가격(단가) × 수량
매출액을 늘리기 위한 기본은
가격과 수량을 점검하는 일
상품 특성과 소비자 요구에
대한 인식이 변함에 따라
판매 전략도 달라진다

노리는 전략을 세웠고, 패스트푸드 업계는 비록 한정된 기간이지만 가격을 절반 내렸더니 수량은 5배, 매출은 10% 늘어났다. 박리다매(薄利多賣)로, 가격을 내려도 수량으로 메울 수 있다는 것이다.

●소비자를 직접 상대하는 업종일수록 분석이 치밀하다

최종 소비자와 접할 기회가 많은 소매업일수록 매출액에 대한 관심은 더욱 적극적이다. 실제로 매출액을 구하는 식인 '수량×가격(단가)'를 좀 더 깊이 파고드는 방법으로, 수량과 가격의 관계를 점검하여 매출 대책에 활용하고 있다.

이는 매출액의 구성 요소는 단순히 가격과 수량만의 문제가 아니라는 생각이 바탕에 있다. 예컨대, 객단가(客單價)는 '객단가=상품 단가×매출 점수'로 나타내는데, 매출 점수를 구하려면 매출 총점수와 객수를 파악해야 한다.

또한 입점객 수(入店客數)에 대해서도 목적을 갖고 들어오는지, 아니면 충동적으로 들어오는지, 소비자를 직접 상대하는 업종일수록 치밀한 분석을 해야 한다.

이와 같이 매출액은 다양한 요소로 구성되어 있는데, 그 키워드는 최종 소비자인 고객이다. 이 점은 모든 업종의 공통 사항이므로, 매출액을 늘리려면 그 구성 요소를 점검하고, 그 결과를 매출액에 반영해야 한다.

■ 소매업의 매출액 구성 요소에 대한 분석은 치밀하다

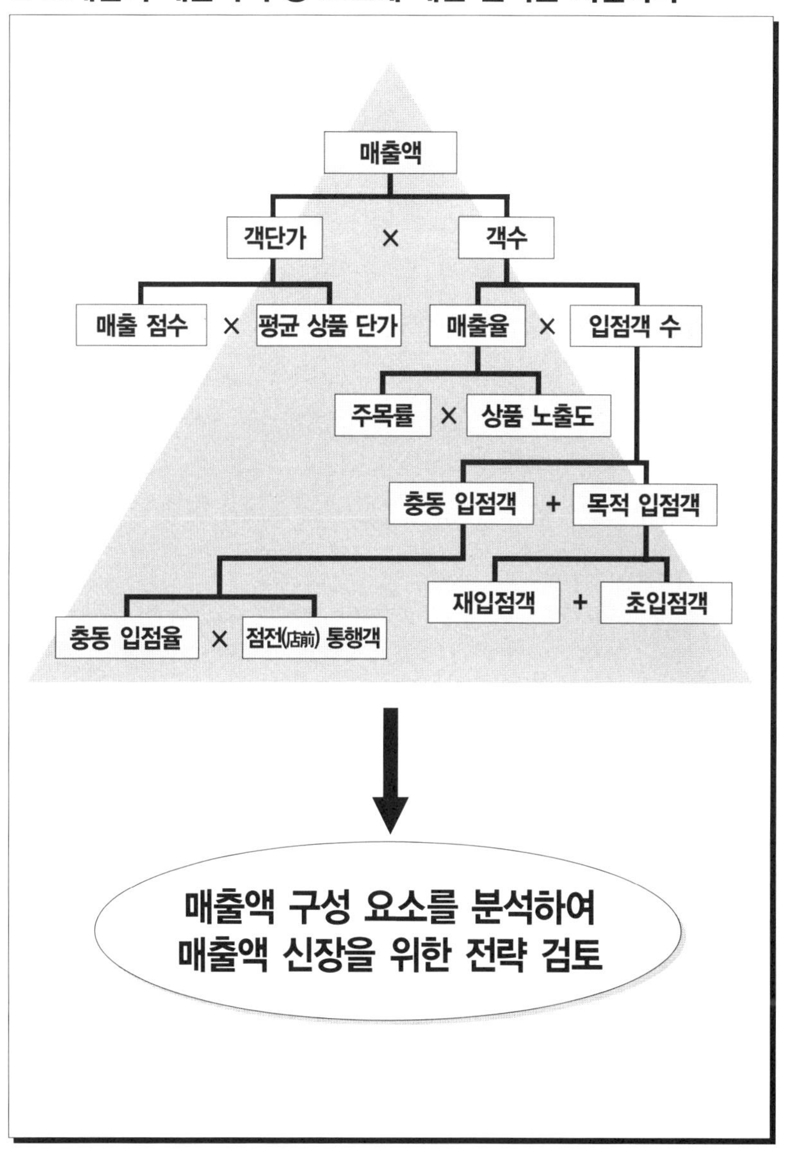
매출액
객단가 × 객수
매출 점수 × 평균 상품 단가
매출율 × 입점객 수
주목률 × 상품 노출도
충동 입점객 + 목적 입점객
충동 입점율 × 점전(店前) 통행객
재입점객 + 초입점객
매출액 구성 요소를 분석하여
매출액 신장을 위한 전략 검토

가격 결정의 주도권은 최종 소비자에게 있다?

시장이 '一物一價'에서 '百物百價'의 시대로 변하고 있다

매출액의 중요한 요소인 가격은 누가 결정하는가? 만들기만 하면 팔렸던 물자 부족 시대일 때는 가격 결정권이 제조자, 즉 판매자에게 있었다. 예를 들어 어느 기업이 신제품을 발매하려고 할 때 원가를 토대로 가능한 한 많은 이익을 올리려고 하는 '원가＋이익＝가격' 방식으로 가격을 결정하면 됐다.

그러나 물자가 남아도는 요즘 시대는 문제가 그리 간단하지 않다. 가격을 높이면 이익은 많이 남겠지만, 가격이 높은 만큼 팔리지 않기 때문에 결국 이익도 줄어든다. 요컨대, '가격－원가＝이익'이라는 구입자 우선 방식이 현실이고, 제조 회사는 유통의 지배권을 점차 상실해 가고 있다.

그러므로 제조자나 판매자가 가격을 결정하려면, 기본적으로 ①제조자의 입장인 코스트, ②구매자의 입장인 수요, ③시장에서의 경합을 고려해야만 한다. 따라서 '가격－원가＝이익'의 방식으로 가격이 결정되고, 그것이 매출액에 반영된다.

가격 결정의 우선권은 누가 가지고 있는가?

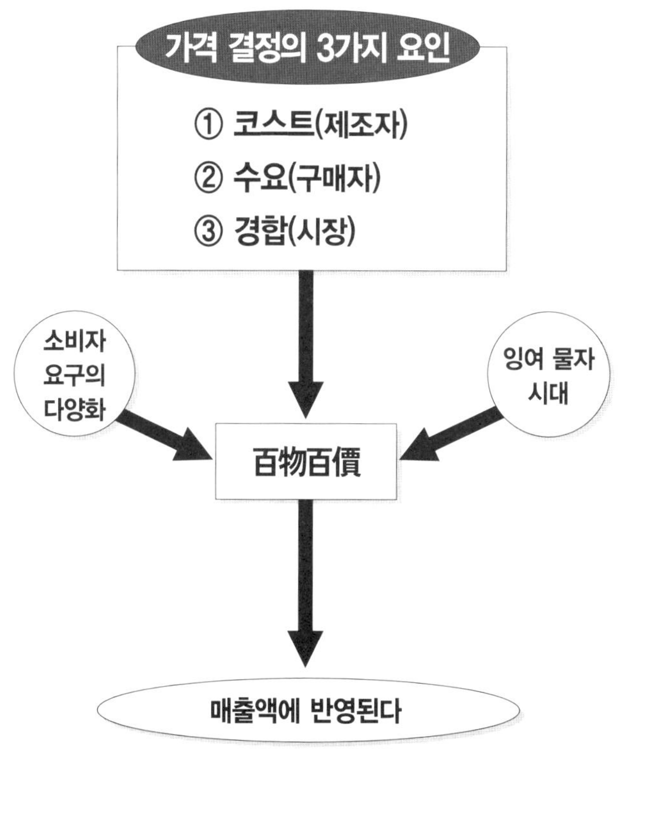

3 업계 내의 매출 세력도를 판단하는 숫자

타사와 비교하면 자사 제품의 위치가 명확해진다

●시장 점유율 조사는 시장 조사의 중요 항목

신문과 잡지에는 업계의 세력 분포를 나타내는 지표인 시장 점유율이 자주 소개된다.

시장 점유율은 자사 제품의 매출액이 시장에서 얼마나 차지하는가를 나타내는 비율인데, 이는 자사 제품의 위치를 극명하게 보여주는 지표로 중요하다. 특히 폭발적인 히트 상품이 나오기 어려운 요즘 시대는, 매출 증가를 통해 시장 점유율을 높이는 것이 회사의 사명이 되고 있다. 그만큼 시장 점유율의 역할이 크다고 할 수 있는데, 전국 규모는 물론이고 고객이 살고 있는 일정 지역의 점유율도 경우에 따라서는 판매 전략으로 활용하고 있다.

시장 점유율을 구하는 식은 간단하다. 그러나 그 방법은 간단하지 않으며, 시장 조사에서는 기본적이면서도 중요한 항목으로 자리 잡고 있다. 시장 조사가 중요한 이유는, 상품이 제조 회사에서 어떤 경로를 거쳐 소비자에게 이르는가를 파악할 수 있기 때문이다. 이는 상품이 팔릴지의 여부가 소비자에게 달려 있다는 인식에서 비롯된다.

$$시장\ 점유율(\%)\ (셰어) = \frac{시장\ 내\ 자사\ 매출액}{시장\ 전체\ 매출액\ (시장\ 규모)} \times 100$$

자사 제품의 위치가 명확해진다

자사 매출액 = 3,000만 엔, 시장 규모 3억 엔

$$시장\ 점유율 = \frac{3,000만\ 엔}{3억\ 엔} \times 100 = 10\%$$

시장 점유율은 금액뿐만 아니라
수량으로 파악하는 것도 중요

●수량으로 판단한다

시장 점유율을 계산할 때, 시장 규모를 파악하려면 세대 수와 1세대당 소비 금액도 파악해야 한다. 그러므로 총무청과 자치 단체에서 공표하고 있는 인구 동태, 가계 조사 등의 자료를 입수하여 활용하는 작업이 꼭 필요하다.

자동차, 제지, 맥주처럼 대규모에 비교적 연고지가 구분되어 있는 업계는 업계 단체가 수량과 금액을 공표하고 있기 때문에 시장 점유율을 파악하기가 쉽다. 이에 비해 시장 점유율을 파악하기 어려운 부문은 신제품 분야로, 절대량이 적은 틈새 산업 분야다. 그러므로 이 분야의 시장 점유율을 조사할 능력이 없는 회사는 전문 회사에 의뢰하기도 한다.

또한 시장 점유율이 높을수록 매출이 증가하는데, 이러한 점유율을 판단하는 기준이 있다. 마이크로소프트 사처럼 시장 점유율이 약 75% 이상이라면 독점 상태에 해당하고, 75% 이하지만 40%를 초과하면 타사에 침식당할 염려가 없는 안전권에 들어 있는 기업이다. 약 25~40%는 경쟁의 우위를 확보하기 위한 최저의 조건이고, 25% 이하는 분산 상황, 말하자면 군웅할거의 상태가 된다.

시장 점유율을 구하면 시장 상황을 파악할 수 있어 판매 활동에도 도움이 된다. 또한 시장 점유율을 알면 매출액도 어느 정도는 파악할 수 있다. 시장 점유율의 계산은 부문별, 상품별로 하는 것이 기본이며, 금액뿐만 아니라 수량으로 파악하는 것도 중요하다. 이유는 시장 점유율을 높이기 위해 가격 공세를 펼치는 회사의 판매 전략도 알 수 있기 때문이다.

① 업계 단체의 자료로 파악한다

(맥주, 자동차, 제지 등은 공표하고 있다)

② 조사를 전문으로 하는 회사에 의뢰한다

(신제품이나 규모가 작은 업계는 파악하기 어렵다)

③ 자사에서 자체적으로 조사·계산한다

시장 점유율 계산을 위한 작업

• 시장의 인구·세대 수를 조사한다

• 자사 제품의 세대당 소비 금액을 조사한다

• 시장 전체의 매출액을 구한다

(주민 기본 대장, 가계 조사 연보, 제품 출하 통계 등을 활용한다)

관청과 업계 단체의 자료는
인터넷으로도 어느 정도 파악할 수 있다

59

4 매출액은 효율적으로 중점 관리한다

20:80의 법칙, 영향도가 큰 것부터 차례로 나눈다

●A, B, C의 3그룹으로 나눈다

회사가 단 하나의 상품을 취급하는 경우는 드물다. 다시 말해 대부분 다양한 제품과 상품을 팔아서 매출을 올린다. 따라서 상품들을 모두 철저하게 관리하려면 상당한 비용이 들어간다. 극단적인 일례로 매출액이 100만 엔에 불과한 상품을 관리하는 데 드는 비용이 100만 엔일 수도 있다는 말이다.

그러므로 상품별 매출액 관리를 중점적, 효율적으로 해야 할 필요성이 있는데, 이때 흔히 활용되는 것이 **ABC 분석**이다. 이 분석은 상품 구성과 매출액(수량)의 관계로 볼 때, 상품별 매출액이 상위 20%인 상품이 매출액 전체의 약 80%를 차지하는 경우가 많기 때문에 **20:80의 법칙**이라고도 한다.

요컨대, 취급하고 있는 상품이 전체 매출액에 미치는 영향도가 큰 것부터 차례로 나누는 것이다. 구체적으로는 상품을 매출액에 따라 A, B, C 3그룹으로 나누어, A그룹은 중점 관리 대상, B, C 그룹은 관리 수준을 조금씩 낮춰 가는 방법이다. ABC 분석은 원래는 재고 관리법으로 활용되었던 것인데, 현재는 비용 절감과 효율적인 관리법으로 여러 분야에 폭넓게 쓰인다.

■ 매출에 대한 공헌도를 알 수 있는 파레토도

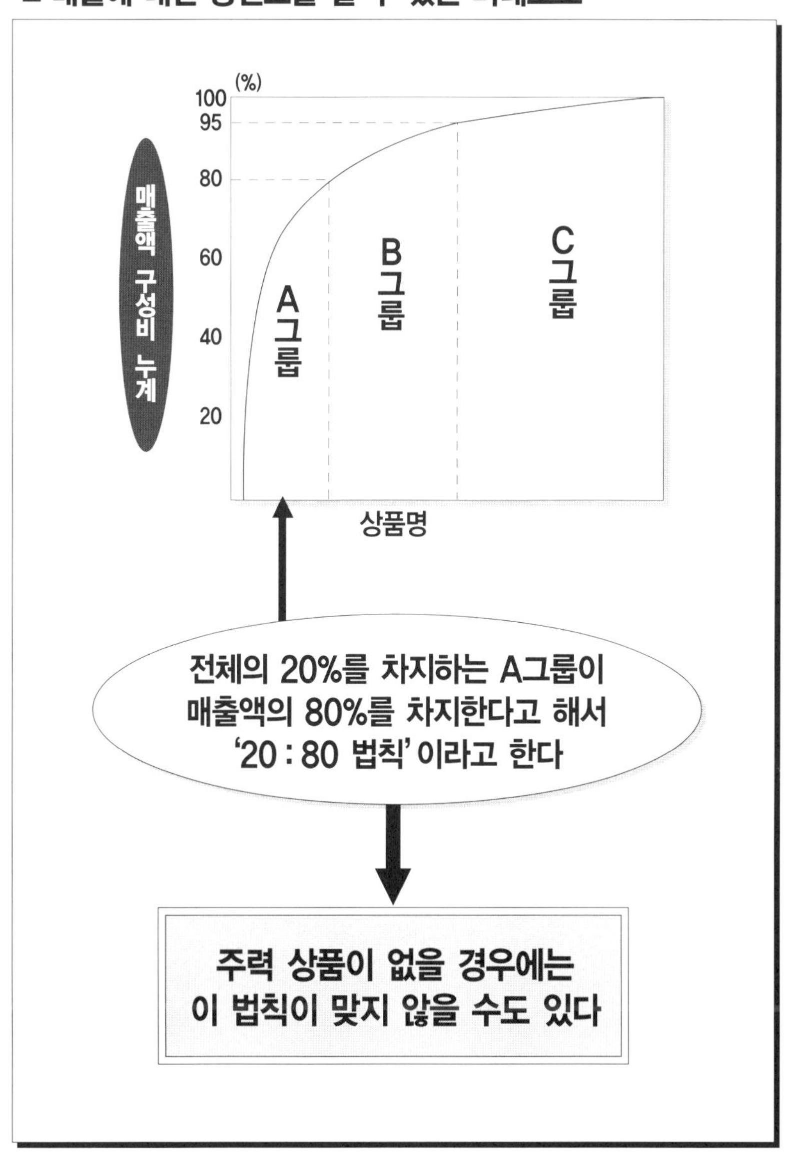

●기본적인 것은 그래프화해서 파악한다

ABC 분석을 곧잘 활용하는 이유 가운데 하나는 방법이 간단하다는 점이다. 금액이 많은 순서대로 상품의 매출액을 늘어놓은 표를 작성해서 상품마다 구성비를 계산하고, 최종적으로 누계 구성비를 구하면 도표가 완성된다.

A그룹 상품은 도표로도 확인할 수 있지만, 좀 더 알기 쉽도록 그래프화한 것이 **파레토도(圖)**이다. 이처럼 ABC 분석을 '파레토 분석'이라고도 하는데, 만드는 법은 세로축에 매출액 구성비를 놓고, 가로축에 상품명을 적는다. 이 그래프를 보면 상품의 매출에 대한 공헌도를 알 수 있다.

A그룹은 잘 팔리는 주력 상품으로, 제조나 구입의 가능 여부를 판단할 수 있다. B그룹은 주력 상품을 보충하는 보완 상품으로, 장차 주력 상품이 될 가능성도 있음을 파악할 수 있다. C그룹은 매출이 오를 가망성이 없는 휴면 상품이기 때문에 생산을 중단해야 한다는 판단이 나온다.

그러나 20:80의 법칙인 ABC 분석도 실제로는 맞지 않을 때가 있다. 예를 들면 A그룹의 상품 수가 극히 적은데도 매출액의 80%를 차지하는 경우가 그렇다. 이는 관리하기 쉽다는 이점이 있지만, 이들 상품이 팔리지 않을 경우에는 매출액이 격감한다는 위험성을 안고 있다. 또한 A그룹이 상품 수와 매출액이 둘 다 많고 매출액도 많은 경우는 관리하기가 힘들 뿐만 아니라 주력 상품이 없음을 의미한다. 그러므로 주력 상품을 만들기 위해 노력해야 한다는 점을 알 수 있다.

■ 파레토도를 만드는 6가지 포인트

계산

① 상품별 매출액을 조사한다

② 매출액이 많은 순서로 늘어놓는다

③ 상품별 매출액 구성비와 누계를 계산한다
(100%가 된다)

이 단계에서도
주력 상품을
파악할 수 있다

그래프화

④ 누계의 매출액 구성비를 그래프 위에
표시한다

⑤ 표시된 점을 선으로 연결하면 꺾은선
그래프가 된다

⑥ 누계 구성비가 80%, 95%, 100%가
되도록 그래프를 3개로 나눈다

그래프화시키면
시각적으로
파악할 수 있다

매출액에도 영향을 미치는 재고

수량에 단가를 곱해서 구한다

재고란 무엇인가? 이는 손님의 주문에 재빨리 대응하기 위해 창고나 상품 진열장에 비축해 둔 며칠 분의 각종 원자재나 제품, 상품 등을 말한다.

재고는 대차 대조표에 표시하며, '재고 자산'이라고도 하여 자산에도 포함한다. 즉 상품·제품, 반제품, 가공 중인 제품, 원자재 등을 가리킨다. 요컨대, 재고란 회사의 자금이 '物'로 바뀌어 있는 상태로, 매출뿐만 아니라 이익과 비용에도 커다란 영향을 미친다.

재고는 매출액과 마찬가지로 수량에 단가를 곱하여 계산한다. 이는 재고가 상품으로 팔리면 그대로 매출이 되기 때문이다. 그러나 재고가 시간차 없이 언제나 똑같은 것은 아니다. 오히려 많거나 적거나 해서 손실이 있는 것이 현실이고, 재고가 없어도 판매 기회를 잃는다는 성질을 가지고 있다.

이처럼 재고는 매출은 물론이고 이익, 비용에도 커다란 영향을 미치기 때문에, 재고 관리의 중요성이 인식되면서 '적정 재고'라는 발상도 생겼다.

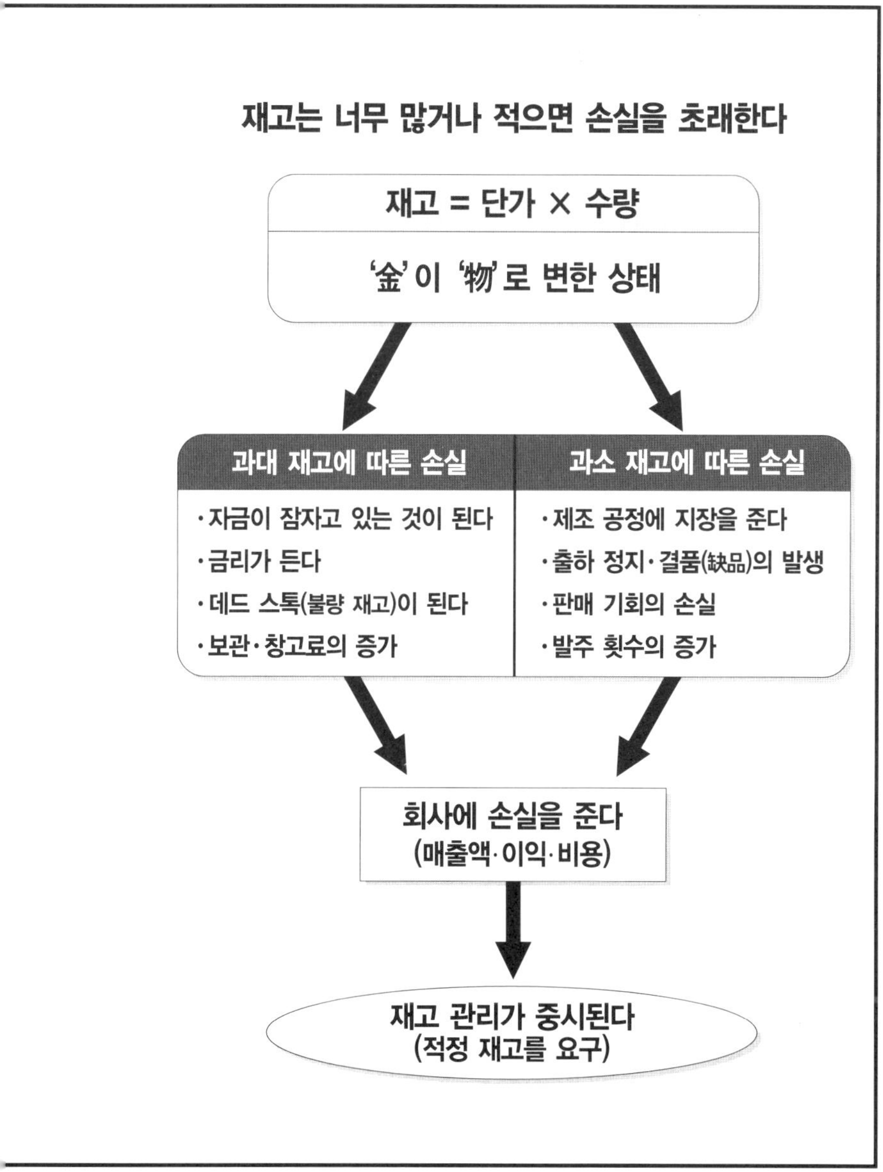

재고는 너무 많거나 적으면 손실을 초래한다

재고 = 단가 × 수량

‘金’이 ‘物’로 변한 상태

과대 재고에 따른 손실
· 자금이 잠자고 있는 것이 된다
· 금리가 든다
· 데드 스톡(불량 재고)이 된다
· 보관·창고료의 증가

과소 재고에 따른 손실
· 제조 공정에 지장을 준다
· 출하 정지·결품(缺品)의 발생
· 판매 기회의 손실
· 발주 횟수의 증가

회사에 손실을 준다
(매출액·이익·비용)

재고 관리가 중시된다
(적정 재고를 요구)

5 매출액 성장을 보여 주는 라이프 사이클

상품 수명을 도입·성장·성숙·쇠퇴의 4단계로 파악한다

●상품의 동향을 알 수 있는 라이프 사이클

폭발적으로 팔리는 히트 상품과 오랫동안 꾸준히 팔리는 롱라이프 상품은 모두 매출액 증가에 공헌하는 상품이지만, 그렇다고 모든 회사가 이런 상품을 보유하고 있지는 않다. 아무리 유행 상품이라도 언젠가는 잊혀지기 마련이므로 영원히 팔리는 상품이란 거의 없다.

인간은 태어나서 죽을 때까지의 일생을 유년기, 청년기, 장년기, 노년기로 구분하여 그 성쇠(盛衰)를 보여 주는 라이프 사이클이 있다. 그런데 이러한 사이클을 상품에도 적용하여 상품이 지닌 수명을 판단하거나 판매에 주력할 만한 상품을 가려내 매출액을 올리는 데 활용한다. 인간과는 달리 상품의 경우, 다음 4단계로 구분하고 각기 특징도 가지고 있다.

① **도입기**—이제 막 팔기 시작한 상품으로, 판매 수량은 적지만 지명도가 높아지면서 증가 경향을 보이고 아직 유사품도 등장하지 않았다.

② **성장기**—매출액이 빠르게 신장하는 시기로, 비용과 가격이 내려가 이익률이 높아지지만 유사품이 등장하여 경쟁도 심해진다.

③ **성숙기**—매출은 늘어나지만 타사와 경쟁이 심해져 가격뿐 아니라 이익률도 내려간다.

■ 라이프 사이클의 패턴이 모두 같지는 않다

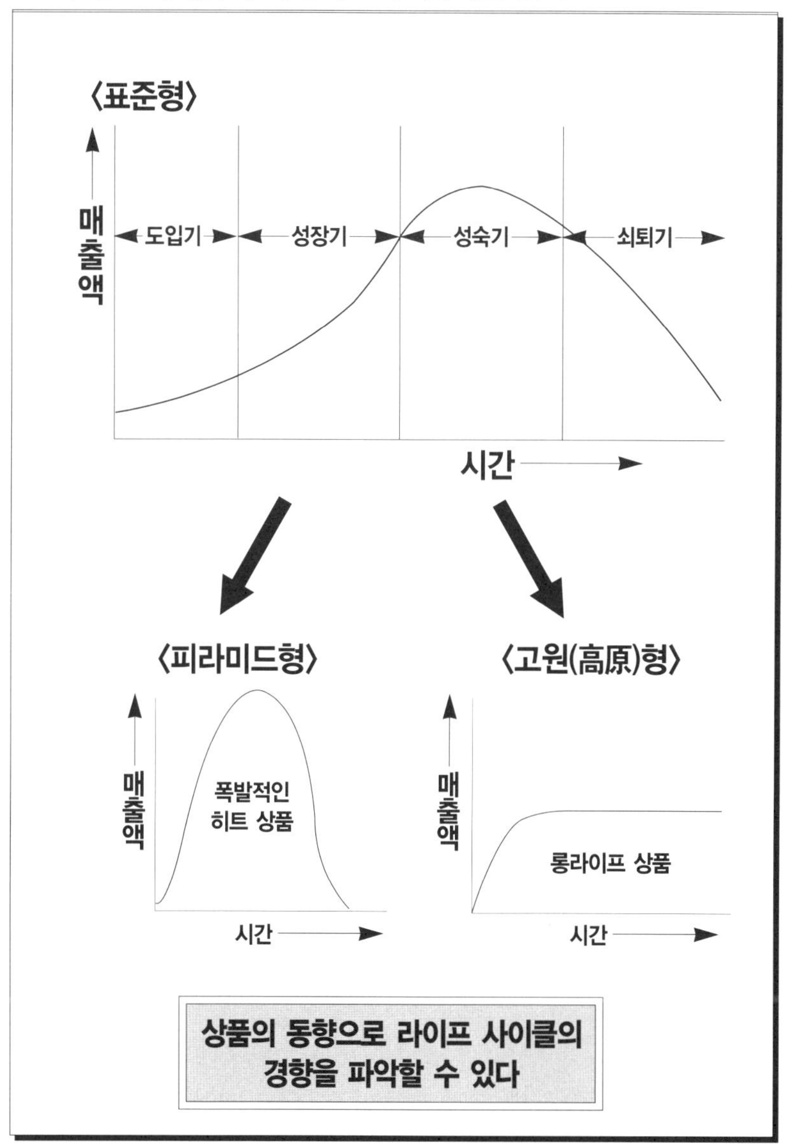

④ **쇠퇴기** — 유사품이 많이 등장하여 가격과 이익률이 모두 큰 폭으로 내려가 시장에서 점차 사라진다.

● 표준적인 동향을 보이는 상품만 있는 것은 아니다

라이프 사이클이 나타내는 곡선은 앞쪽의 도표처럼 모두 똑같은 형태를 보이는 것은 아니다. 오히려 표준적인 라이프 곡선을 지닌 상품은 드물고, 상품에 따라서는 전혀 다른 패턴으로 표현되는 경우가 많다.

출시하자마자 폭발적인 수요가 있었는데도 단명한 상품, 괄목할 만한 수요는 없지만 꾸준한 수요가 있어서 수명이 긴 상품, 그리 대단한 수요도 없었는데 리바이벌된 히트 상품 등은 이 모두가 표준적인 라이프 곡선이 아니다. 그럼에도 이러한 요소들을 그대로 판매 활동에 활용하고 있는 것이 업계의 실정이다.

예를 들어 도입기는 상품의 인지도가 낮기 때문에 광고 활동에 주력하고, 성장기에는 자사 브랜드를 침투시키기 위해 노력한다. 또한 성숙기는 시장 점유율을 확보하기 위해 노력하고, 쇠퇴기에는 매출이 감소하기 때문에 시의 적절하게 상품을 철수할 수 있는 타이밍을 파악할 수 있어야 한다.

최근의 추세를 보면, 경제 성장의 속도가 빨라지면서 라이프 사이클도 짧아지는 경향이 있다. 그러므로 현재 히트 상품이 있더라도 안심할 수는 없으므로, 끊임없이 신상품을 개발하고 신제품을 준비해야 한다. 이런 노력의 결과는 결국 매출액과 이익이라는 숫자로 나타난다.

■ 각 기간의 특징과 전략이 라이프 사이클 속에 있다

〈항목〉	도입기	성장기	성숙기	쇠퇴기
매출액	저수준	급성장	저성장	하강
이익	거의 없다	최고 수준	하강	저수준이나 제로
고객	혁신자	대중	대중	지체자
경쟁	거의 없다	증가	많다	감소
전략의 초점	시장 확대	시장 침투	시장 점유율 유지	생산성 향상
유통	미정비	집중·강화	집중·강화	선택적
가격	고수준	저하	최저 수준	상승
제품	기초화	개량	차별화	합리화

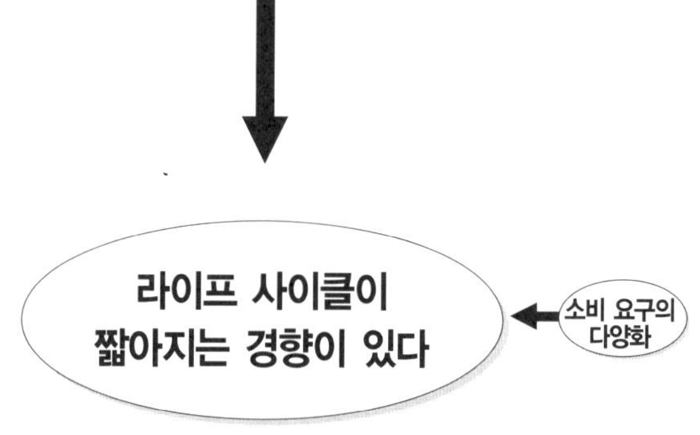

매출액 공헌도는 월별 변동으로 점검

계절에 따른 상품 동향의 차이로 상품의 특성을 파악할 수 있다

●일년 내내 팔리는 상품만 있는 것은 아니다

흔히 일년 가운데 2월과 8월은 매출이 뚝 떨어지는 시기로, 일년 내내 평균적인 매출을 올릴 수 있는 상품은 그리 많지 않다.

계절 상품의 대표라고 하면 맥주가 있다. 요즘은 에어컨 보급과 라이프 스타일의 변화로 추운 계절에도 팔리지만, 그래도 역시 여름에 잘 팔리는 상품이다.

서비스 업종인 여행사는 황금 연휴, 명절 전후, 연말연시가 가장 바쁜 시기로, 이때가 고객이 쇄도하여 매출액을 올릴 수 있는 시기다. 또한 계절 상품으로 완전히 정착한 것으로 봄에 날리는 꽃가루가 일으키는 알레르기 관련 상품이 있다.

이와 같이 계절 상품을 중심으로, 상품에 따라서는 특정 달에 매출이 늘거나 줄어드는 경향이 있다. 이런 변동 경향을 숫자로 파악한 것이 계절 변동 지수인데, 매출액 확보를 위한 효율적인 매입과 판매 계획, 인원 배치 등에 활용되고 있다. 이를 월별 평균법이라고도 하는데, 계절 변동 지수를 활용하면 판매 시점을 미리 파악할 수 있어서 매출액을 올릴 수 있다.

●성장기와 쇠퇴기에 있는 상품은 맞지 않다

계절 변동 지수를 구하기 위한 기본적이고 중요한 요소는 매출액이다. 그것도 과거 3년 동안의 매출액을 점검하여 산출할 수 있다. 3년으로 잡는 이유는 1~2년 만으로는 그 안에 어떤 변동 요인이 더해져 정확한 숫자를 파악할 수 없기 때문이다. 그리고 좀 더 정확성을 기하고 싶다면 그 기간 이상의 매출액을 이용하여 계산하면 된다.

구하는 방법은 간단하다. ①우선 월마다 3년 분을 합계한 매출액을 3으로 나누어 월별 평균 매출액을 낸다. ②다음으로 월별 평균 매출액 12개월 분을 합산하여 연간 합계 매출액을 구하고, 그것을 12로 나누어 총평균을 계산한다. ③그렇게 해서 총평균이 나오면, 각 달의 평균 매출액을 총평균으로 나누어 구한 것이 계절 변동 지수다.

계절 변동 지수가 100보다 큰 숫자의 달이 매출에 공헌한 것이므로, 판매 시기를 파악할 수 있다. 다만 계절 변동 지수는 과거 매출을 기준으로 하기 때문에, 성장기와 쇠퇴기에 있는 상품은 맞지 않다는 단점이 있다. 이미 시장에 침투한 안정기에 있는 상품 밖에 적용할 수 없으므로, 계산을 하기 전에 상품의 라이프 사이클이 어느 위치에 있는가를 확인할 필요가 있다.

계절 변동 지수는 매출액의 동향으로 상품 특성을 파악하고, 같은 방법으로 계절뿐만 아니라 일, 요일, 시간 지수를 구하면 좀더 정확한 자료를 얻을 수 있다.

■ 상품이 팔리는 성향에는 계절 변동이 있다

		1월	2월	3월	4월	5월	6월
매출액	전전년도	900	700	850	900	800	950
	전년도	600	650	900	950	750	700
	당년도	850	700	950	1,050	850	800
	합계	2,350	2,050	2,700	2,900	2,400	2,450
	평균	783	683	900	966	800	816
계절 변동 지수		94.0	82.0	108.0	116.0	96.0	98.0

7월	8월	9월	10월	11월	12월	합계
700	650	750	700	800	800	9,500
800	700	850	800	900	1,000	9,600
900	850	950	900	1,000	1,100	10,900
2,400	2,200	2,550	2,400	2,700	2,900	30,000
800	733	850	800	900	966	10,000
96.0	88.0	102.0	96.0	108.0	116.0	1,200%

8월의 지수를 구하는 방법

• 3년 평균 월 매출액을 구한다

$$\frac{10,000}{12} = 833.3$$

• 8월의 계절 변동 지수를 구한다

$$\frac{733}{833.3} \times 100 = 88.0$$

이 결과로 8월은 매출이
좋지 않음을 알 수 있다

7 변동폭이 큰 상품의 매출액을 파악한다

계산에 필요한 것은 매출액에 관한 3가지 데이터

●과거의 숫자를 기준으로 판단한다

매출액의 동향을 계절 성향인 계절 변동 지수로 파악하는 일도 중요하지만, 계절 성향을 일단은 배제하고 매출액이 증가 추세인지 감소 추세인지 판단하는 것이 판매 현장에서는 더 필요하다.

최근의 매출액 경향을 파악하는 방법은 과거의 매출액을 기준으로 판단하는 것이 가장 알기 쉽다. 그러나 판매율이 떨어져 장래성이 없는 상품의 경우는 과거의 자료를 적용할 수 없다. 이렇게 연간 평균 매출액의 변동이 심한 상품에 대한 매출액 경향을 파악할 때, 흔히 활용하는 것이 **Z차트** 분석표다.

Z차트 분석표는 매출액 경향을 파악할 수 있기 때문에, 앞으로의 상품 재고를 결정할 때도 활용한다. 이 분석을 위해 필요한 자료는 매출액뿐으로, 12개월 이동 합계 매출액, 월별 매출액, 누계 월별 매출액 등 3가지다.

각각의 달에서 1년을 거슬러 올라간 12개월의 매출액 합계인 '12개월 이동 합계 매출액'은 2년 동안의 대략적인 매출액 흐름을 알 수 있다. '월별 매출액'으로는 연간 월별 매출액을 알 수 있고, '누계 월별 매출액'은 연간 매출액이 어떤 상태로 축적되었는지 보여 준다.

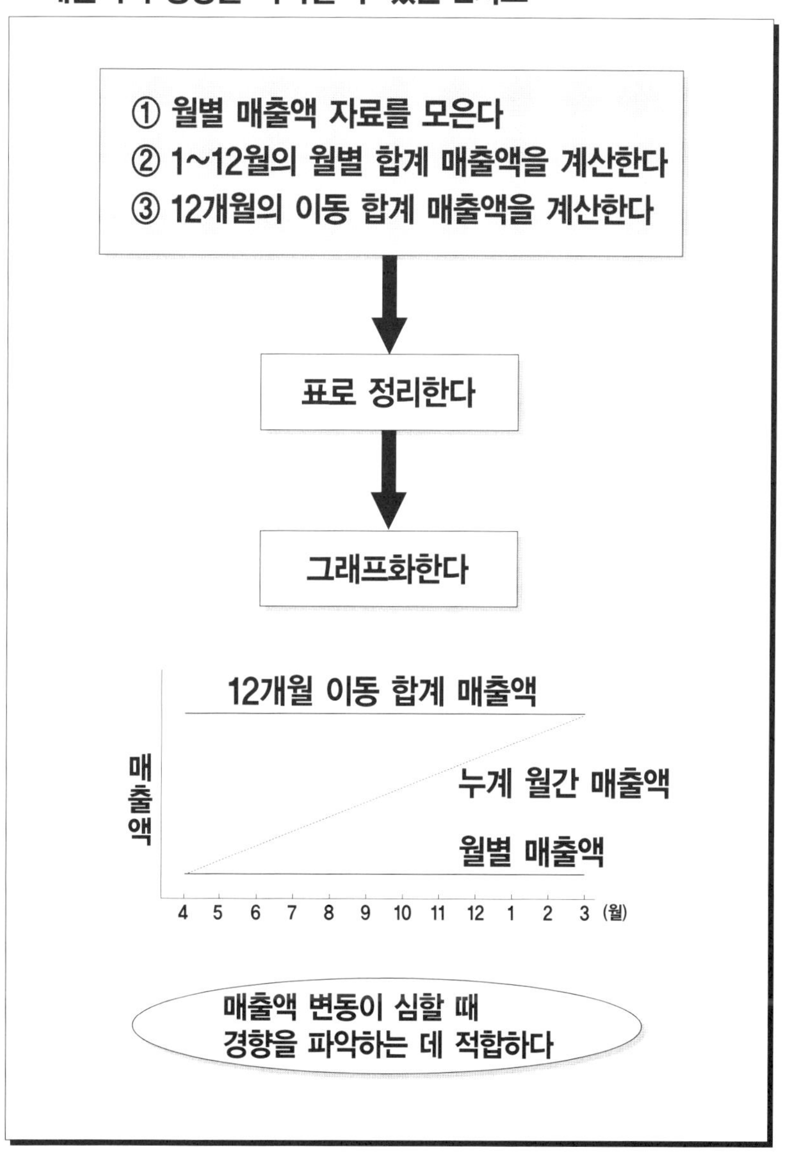
① 월별 매출액 자료를 모은다
② 1~12월의 월별 합계 매출액을 계산한다
③ 12개월의 이동 합계 매출액을 계산한다
표로 정리한다
그래프화한다
12개월 이동 합계 매출액
매출액
누계 월간 매출액
월별 매출액
4 5 6 7 8 9 10 11 12 1 2 3 (월)
매출액 변동이 심할 때
경향을 파악하는 데 적합하다

●Z의 기울기 모양으로 매출액의 경향을 알 수 있다

3가지 자료를 '이동 연계표'로 정리하여 매출액의 증가와 감소 경향을 파악할 수 있지만, 단순히 연도만을 봐서는 매출액의 감소가 금세 눈에 띄지 않거나 매출액의 증가 상태도 알기 어렵다. 그러므로 좀 더 알기 쉽게 하려면 그래프화가 필요한데, 이때 가장 많이 사용하는 것이 Z차트다. 그래프 모양이 알파벳 Z와 비슷해서 붙여진 이름이다.

Z차트는 다음 3가지 유형으로 분류하며, Z의 기울기 모양으로 매출액의 경향을 쉽게 파악할 수 있다.

① 정체형(평행)

② 상승형(오른쪽으로 올라간다)

③ 하강형(오른쪽으로 내려간다)

Z모양이 평행이라면 매출액은 정체 상태이고, 오른쪽으로 올라가면 상승 추세라 문제가 없지만, 오른쪽으로 내려가면 하강 국면이고, 좀 더 기울기가 경사지면 쇠퇴하고 있음을 보여 준다. 이처럼 Z차트는 매출액의 경향을 알 수 있을 뿐만 아니라, 계획을 미리 그래프로 나타내서 실적의 차이를 파악하고 가까운 장래의 매출액을 예측할 수 있다는 이점도 있다. 또한 재고를 관리하기 위한 수단도 되며, 1년 동안의 사업 동향을 분석하고 파악할 때도 활용한다.

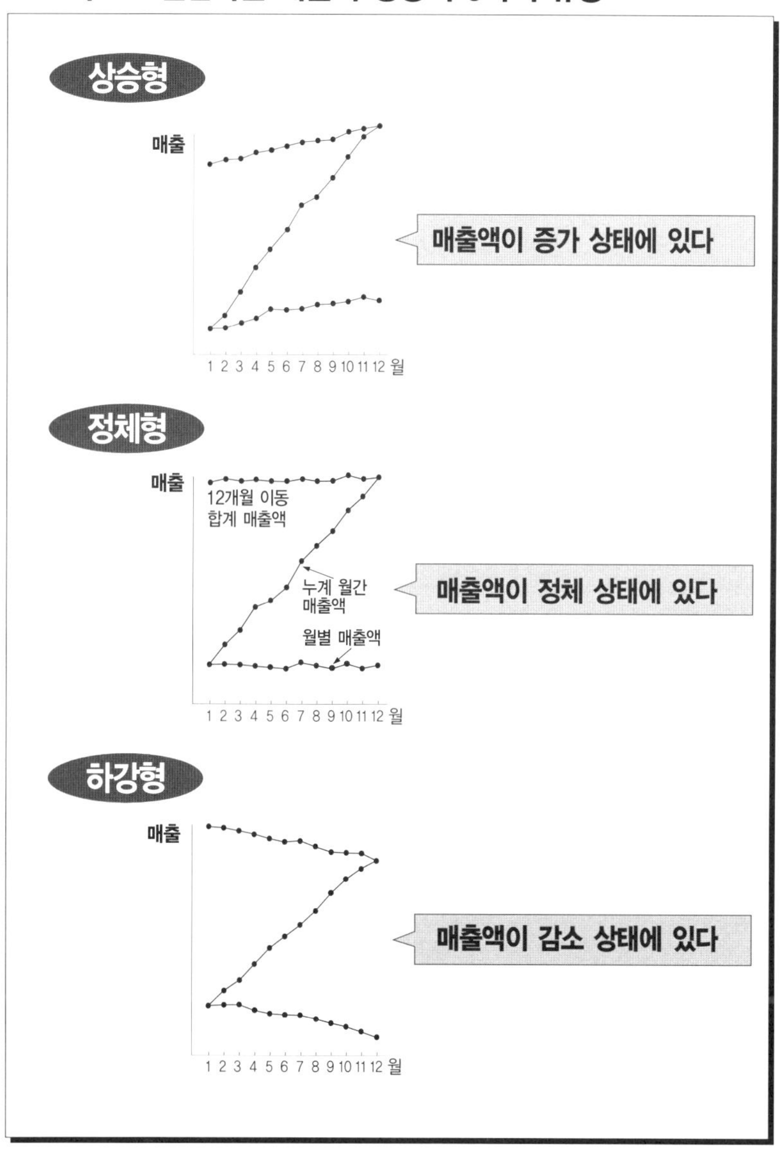
상승형
매출
매출액이 증가 상태에 있다
1 2 3 4 5 6 7 8 9 10 11 12 월
정체형
매출
12개월 이동 합계 매출액
누계 월간 매출액
월별 매출액
매출액이 정체 상태에 있다
1 2 3 4 5 6 7 8 9 10 11 12 월
하강형
매출
매출액이 감소 상태에 있다
1 2 3 4 5 6 7 8 9 10 11 12 월

8 매출액은 환경의 영향을 받는다

중요한 것은 외부 환경과 내부 환경이다

●경기 동향은 기업의 노력만으로는 통제하기 어렵다

매출액은 각종 요인의 영향을 받아 증가하거나 감소하지만, 회사나 상품을 둘러싼 외부 환경과 내부 환경이라는 2가지 시점에서 이해하는 것이 포인트다. 그것은 회사나 자신이 처해 있는 입장을 파악하면 좀 더 쉽게 이해할 수 있다.

외부 환경은 시장 중심의 요인이기 때문에 사원 개개인의 힘으로는 바꿀 수 없다. 따라서 기업의 노력만으로는 통제하기 어려운 특성이 있다

①수요의 변화

②경기의 동향

③경쟁 회사의 상황

유행과 기호, 또는 라이프 스타일이 빠르게 변화하며, 특히 패션, 정보 관련 상품은 예측하기조차 어렵다는 것이 수요의 변화 추세다. 그리고 판매 지역의 인구 증감에 따라 수요의 양과 질이 변하기 때문에 매출에 커다란 영향을 준다. 그러므로 수요의 변화를 항상 주시할 필요가 있다. 환율과 주가, 시장과 금리 등의 변화가 야기하는 불경기도 매출에 커다한 영향을 미친다는 사실은 이미 경험해 보았을 것이다.

고객은 사회적인 호황이나 불황에 민감하기 때문에 경기 동향이나 규제 완화 같은 정부의 주된 경제 시책을 알고 있어야 한다. 그리고 업계는 항상 경쟁 회사가 존재하므로, 그 규모와 능력, 판매 정책도 매출에 영향을 미친다는 사실을 인식할 필요가 있다.

●경영 자원에 관한 내부 환경

내부 환경은 회사의 내부 활동에 따른 요인으로, 대부분 '人, 金, 物'이라는 경영 자원에 관한 것이다. '기업은 사람에 달려 있다'는 말이 있을 만큼, 제도와 설비, 상품이 아무리 뛰어나더라도 우수한 인재가 없으면 매출과 이익으로 연결되지 않는다는 사실이 수많은 사례를 통해 입증되었다.

'物'인 상품은 고객을 끌어들일 만한 장점이 없으면 경영 활동의 성과인 매출액 향상에 연결되지 못한다. 더욱이 소비자의 눈길을 끌 만한 신제품의 경우는 판매 시기도 중요해서, 화제가 되는 상품이라면 조금이라도 빨리 판매해야 큰 이익을 남긴다.

경영 활동과 불가분의 관계인 '金'이 산출하는 설비나 기술, 노하우도 매출을 좌우하는 커다란 요소이므로, 설비 투자의 중요성을 강조하는 주된 이유다.

외부 환경과 내부 환경에 영향을 받는 영업 전략은 상품의 라인업, 판매·가격 정책, 거래 조건 여하에 따라 매출에 반영한다. 그러므로 외부 환경과 내부 환경을 제대로 파악하여 충분히 검토하는 것이 무엇보다 중요하다.

■ 매출액에 영향을 주는 외부 환경과 내부 환경

내부 환경

① 人

'기업은 사람에게 달려 있다'는 말은 예나 지금이나 변함이 없다

② 物

소비자 요구에 부응하는 상품의 유무

③ 金

사람의 수준을 높이고, 설비를 다진다

④ 기술 • 정보 • 노하우

'人'과 '金'이 산출한다

회사의 내부 활동 요인이므로
기업의 노력만으로도 통제할 수 있다

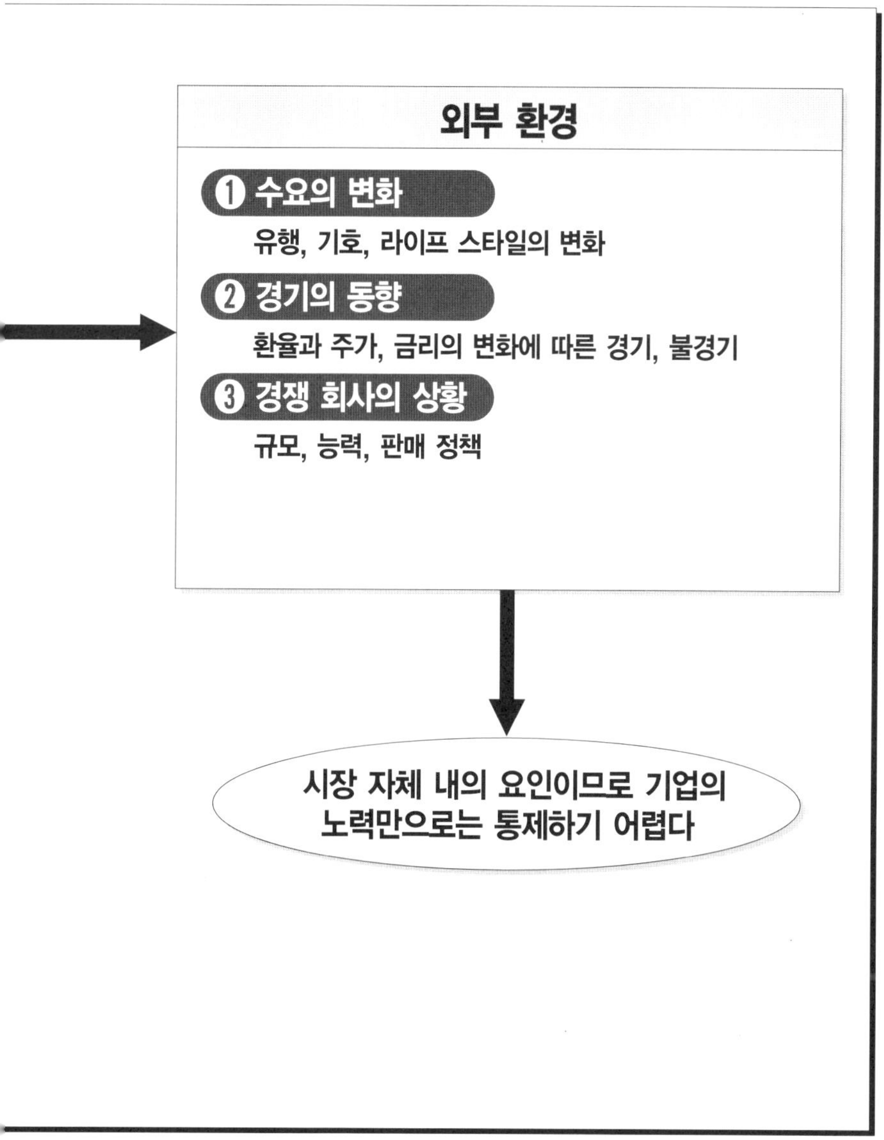

외부 환경

❶ 수요의 변화
유행, 기호, 라이프 스타일의 변화

❷ 경기의 동향
환율과 주가, 금리의 변화에 따른 경기, 불경기

❸ 경쟁 회사의 상황
규모, 능력, 판매 정책

시장 자체 내의 요인이므로 기업의
노력만으로는 통제하기 어렵다

주관적인 방법과 객관적인 방법에 의한 판매 예측

다양한 방법을 병용하여 정확도를 높인다

장래의 매출액에 대해 현재 가장 정확하다고 여겨지는 숫자를 판매 예측이라고 하는데, 이는 여러 가지 방법으로 파악이 가능하다.

가장 간단한 방법은 '직관과 경험'이다. 그야말로 짐작하는 것이므로 대수롭지 않다고 생각하기 쉽지만, 수많은 의견을 들어서 '맞은 것과 다름없다'는 꽤 신뢰할 만한 숫자가 나오는 경우도 적지 않다.

직관과 경험에 의지하는 주관적인 방법의 불안감을 보완해 주는 것이 자료를 근거로 하여 객관적으로 예측하는 통계적인 방법이다. 일반적으로 활용하는 것은 과거의 매출 실적을 분석하는 시계열(時系列) 분석에 의한 계산 방법으로, 프리 핸드법과 양분(兩分) 평균법이 있다.

프리 핸드법은 과거의 매출액을 그래프화해서 눈으로 보고 판단하는 방법으로, 장래의 경향을 파악하는 데는 편리하지만 정확도에는 문제가 있다. 양분 평균법은 기울기를 계산으로 산출하기 때문에 누가 해도 같은 결과가 나오지만, 계절 변동이 큰 업종에는 오차가 나온다는 단점이 있다. 따라서 여러 가지 방법을 병용하여 정확도를 높이는 것이 판매 예측의 기본이다.

판매 예측은 어떤 방법으로 하는가?

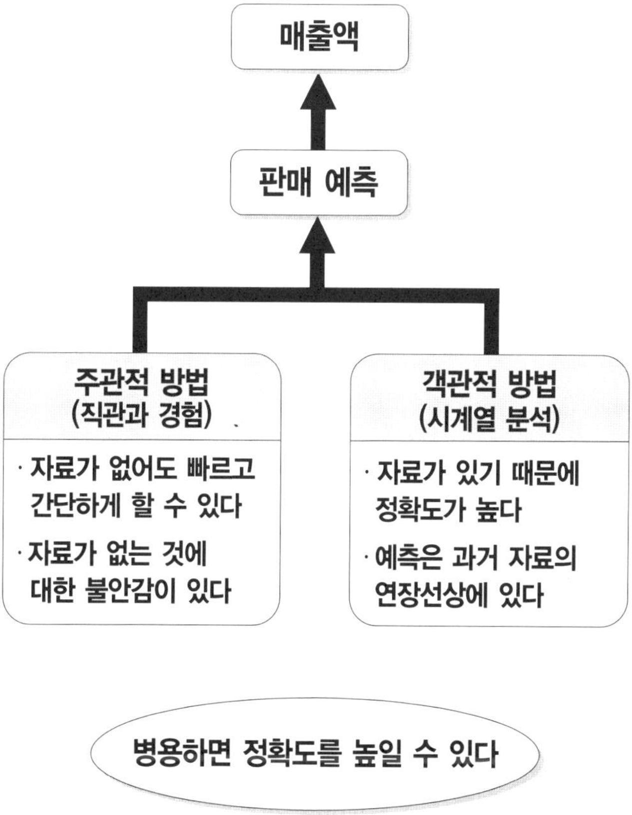

매출액

판매 예측

주관적 방법
(직관과 경험)
· 자료가 없어도 빠르고
  간단하게 할 수 있다
· 자료가 없는 것에
  대한 불안감이 있다

객관적 방법
(시계열 분석)
· 자료가 있기 때문에
  정확도가 높다
· 예측은 과거 자료의
  연장선상에 있다

병용하면 정확도를 높일 수 있다

제2장

비용 조절로 효율성을 판단한다

경영 활동의 성과인 매출을 올리기 위해 각종 비용이 지출되는데,
그 크기가 이익에 커다란 영향을 미치므로
비용이 갖는 특징과 매출액 그리고 이익과의 관계를
파악할 필요가 있다.

1 명확치 않은 '들어간 자금'의 내용

비용·코스트·원가·경비·손실은 어떻게 다른가?

●무엇을 위해 사용했는지 아는 것이 중요하다

'비용은 될 수 있는 대로 줄이고 싶다.'

'코스트 삭감의 당면 과제'

'원가 이하로 팔 수는 없다.'

'이 정도는 경비로 떨어뜨린다.'

'손실로 처리한다.'

이것은 모두 회사의 숫자를 파악할 때 반드시 등장하는 말들이다. 그렇다면 **비용, 코스트, 원가, 경비, 손실**이라는 용어의 차이를 설명할 수 있는 사람이 과연 얼마나 될까?

결론부터 말하자면 회사가 생산하고 판매하기 위해 들어간 자금이라고 생각하면 된다. 중요한 것은 용어의 차이보다도 기업 활동으로 생긴 자금이 무엇 때문에 쓰였는지를 아는 데 있다. 따라서 경리 등 전문적으로 숫자를 다루는 부서 사람이 아니라면 굳이 비용, 코스트, 원가, 경비, 손실의 차이를 명확하게 알 필요는 없다.

●용어의 차이를 명확하게 이해할 수 있는 사람은 많지 않다

실제로 회계와 원가 계산, 경영학에 관한 책을 읽어도 일반인들 가운데 이 용어들의 차이를 명확하게 이해할 수 있는 사람은 많지

■ 비용, 코스트, 원가, 경비, 손실은 어떻게 다른가?

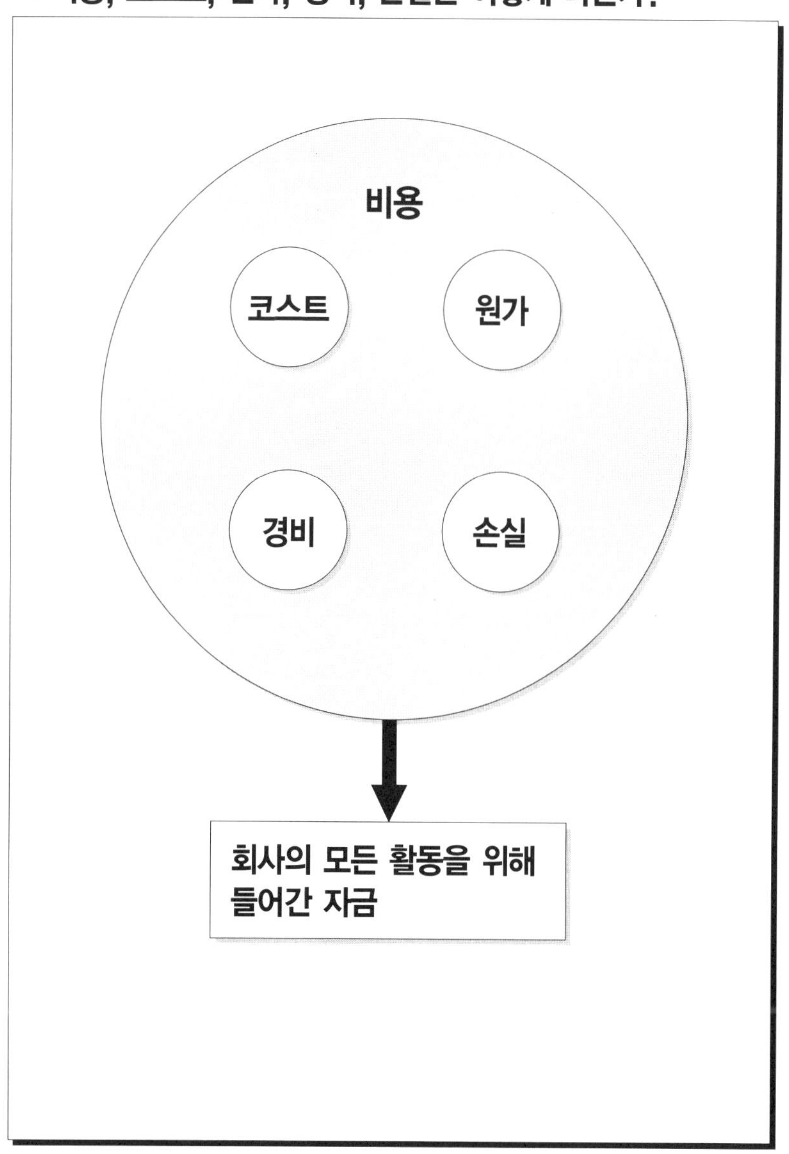

않다.

여기서 이 용어들에 대해 간단히 살펴보자. 우선 '비용'은 손익을 계산하기 위한 용어로, 일반적으로는 매출액 등의 수익을 올리기 위해 필요한 지출을 말한다. 이에 대해 수익을 올리기 위한 활동과 상관없이 발생한 지출을 '손실'이라고 하며, 그 점에서 비용과는 구별되지만 비용으로 파악하는 게 알기 쉽다.

'원가'는 코스트라고도 번역되는 것처럼, 이 2개의 용어를 혼동하여 사용하는 경우가 많다. 일반적으로 '경영의 일정한 급부와 연관지어 파악된 재화 또는 용역의 소비를 화폐 가치로 나타낸 것'으로 정의하는데, 이 말이 바로 와 닿는 사람은 거의 없을 것이다. 원가는 원래 제조업에서 사용한 것으로 제품을 만들어 판매하기 위해 들어간 비용이다.

'코스트'는 '현금이나 그 등가물(等價物)을 지불하여 취득한 재화와 서비스'로 정의하는데, 생산과 판매라는 기업 본래의 경영 활동으로 인해 발생한 비용을 말한다. 이것도 회사가 쓴 각종 자금이라고 생각하면 이해하기 쉽다.

'경비'는 제품과 상품을 팔기 위해 들어간 자금을 말하며, 판매비와 일반 관리비라고도 한다. 그러나 원가 계산에 필요한 제품을 생산하는 활동에 관련된 원가 가운데 재료비와 노무비 이외의 원가를 말하는 경비와는 다르다.

아무튼 이 모든 용어를 생산과 판매 활동을 하는 데 들어가는 회사의 자금으로 이해하면 된다.

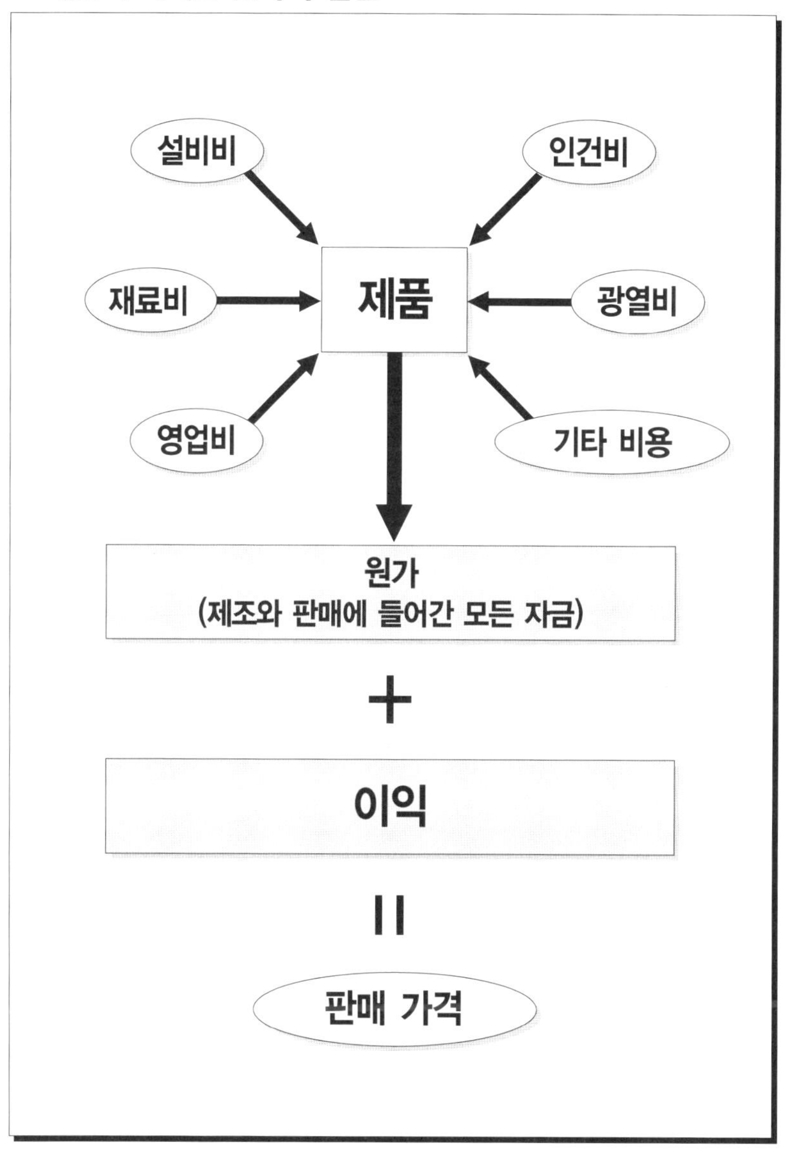
설비비
인건비
재료비
제품
광열비
영업비
기타 비용
원가
(제조와 판매에 들어간 모든 자금)
＋
이익
＝
판매 가격

2 매출 원가란 무엇을 말하는가?

의미는 같아도 업종에 따라 명칭이 다르다

●매입이 중심인 유통업은 매입 원가

제품을 생산하여 판매하는 데 들어간 모든 비용이 원가다. 이는 원래 제조업에서 쓰이는 용어였지만, 지금은 제조업뿐 아니라 모든 유통업과 서비스업에서도 원가라는 말을 사용한다.

손익 계산서에는 **매출 원가**로 등장하지만, 이는 매출액에 대한 상품의 원가, 매출에 들어간 비용을 말한다. 제조업 원가는 제조하기 위한 원가이므로 **제조 원가**가 되지만, 유통업의 경우는 상품을 매입해 파는 것이므로 제조업처럼 제조 원가는 아니다.

그러나 식료품이나 의류품을 매입할 때 들어간 비용도 원가로쳐서 **매입 원가**라고 부른다. 이 매입 원가는 상품을 매입하기 위해 지불하는 대금과 매입 때 중개업자에게 지불하는 매입 수수료, 그리고 수송 운임과 상품의 파손 사고가 있을 경우를 대비한 운송 보험료 등도 포함된다. 제조업과 다른 점은 매입에서 판매까지의 과정이 많지 않기 때문에 매입 원가로 모든 것이 결정된다는 특징이 있다. 이것은 저렴하게 매입하면 이익이 커지고, 반대로 비싸게 매입하면 이익이 적어진다는 말이다.

슈퍼마켓에서는 매입 원가가 80%나 되는 경우도 있기 때문에, 얼마만큼 저렴하게 매입하느냐에 따라 경영(매출, 이익)이 크게

■ 매출액과 원가의 관계를 이해하자

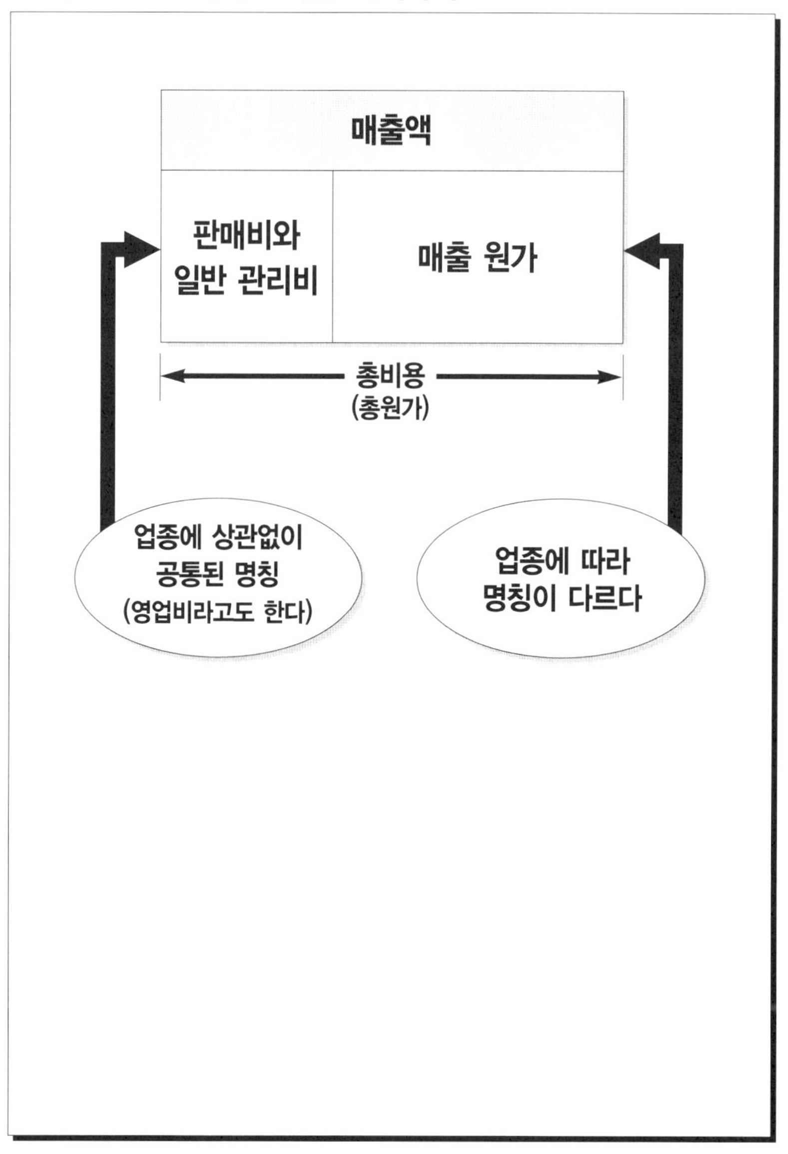

좌우된다.

●서비스업의 경우는 원가의 대부분이 인건비

컨설턴트 회사나 경비 회사 같은 서비스업에서도 원가라는 용어를 쓰는데, 제조업이나 유통업과는 달리 판매 물건은 형태가 없는 각종 서비스다.

그 서비스를 제공하는 것은 사람이므로 **인건비**가 주된 원가다. 인건비의 경우 일반적으로 사람을 늘리면 매출과 함께 서비스 제공도 늘어난다. 그렇다고 이익도 같이 늘어난다고는 볼 수 없고, 사람을 늘려도 효율성이 떨어지면 매출은 물론 서비스의 양과 질도 저하되는 경우가 종종 있다. 그러므로 제조업이나 유통업처럼 서비스업의 경우는 인건비의 증가 이상으로 서비스의 제공을 늘릴 필요가 있다. 어느 업종이든 매출과 이익을 올리기 위한 관건은 좀 더 능력 있는 인재를 채용하는 인사 담당자의 수완에 있다. 그리고 건물 등을 짓는다는 점에서 약간은 제조업과 흡사한 건설업의 경우는 **공사 원가**라고 한다.

그런데 제조, 유통, 서비스, 건설 등 다양한 업종에 비중은 달라도 같은 원가가 있다. 상품을 팔거나 서비스를 제공하는 데 드는 영업비라고도 불리는 판매비와 일반 관리비로, 매출 원가를 포함해 **총비용**이라고 한다. 여기에 이익을 합친 것이 판매 가격이다.

■ 업종에 따라 매출 원가의 명칭이 다르다

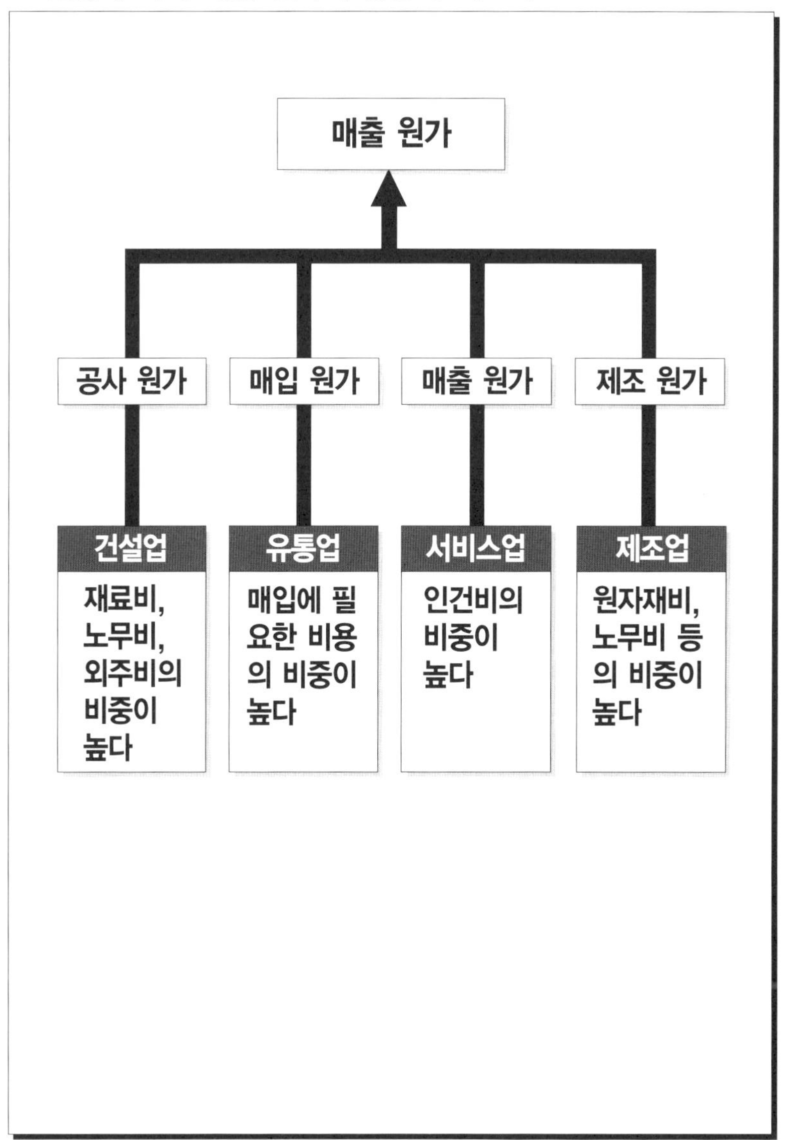

3 제조업의 원가 명세서 파악하는 법

원가의 상세한 내역을 알 수 있는 제조 원가 명세서

●해부도로 불리는 제조업 명세서

제조업의 경우 단지 매입한 것을 그대로 판매하지는 않는다. 그러므로 매출 원가의 내역인 당기 제품 제조 원가가 손익 계산서에 기재되어 있다. 그래도 제조 원가의 중요한 구성 요소라 할 수 있는 재료비, 노무비, 경비는 항목에 없다.

그런데 이를 상세하게 알 수 있는 자료가 손익 계산서의 내역인 제조 원가 명세서다. 제품을 만드는 데 비용이 어느 정도 들었는지를 보여 주는 중요한 자료로, 제조업의 해부도에 해당하는 명세서에는 제품을 만드는 과정과 재료비, 노무비, 경비 등 이렇게 3가지로 나누어 기재한다.

제조업 원가의 3대 요소인 재료비, 노무비, 경비는 다음과 같다.

① **재료비** ─ 제품을 만들기 위한 원자재 구입에 들어가는 비용으로, 인쇄·출판업의 용지, 빵 제조에 필요한 밀가루 등이 이에 해당하지만 연료, 공구 비품도 포함한다.

② **노무비** ─ 공장에서 일하는 사람들의 급료 같은 인건비뿐 아니라 일용직 사원의 임금, 사무직원의 급료도 들어간다. 다만 본사 직원, 영업 직원의 인건비는 포함하지 않는다.

③ **경비** ─ 제조 활동에 관련된 원가 가운데 재료비, 노무비에 포

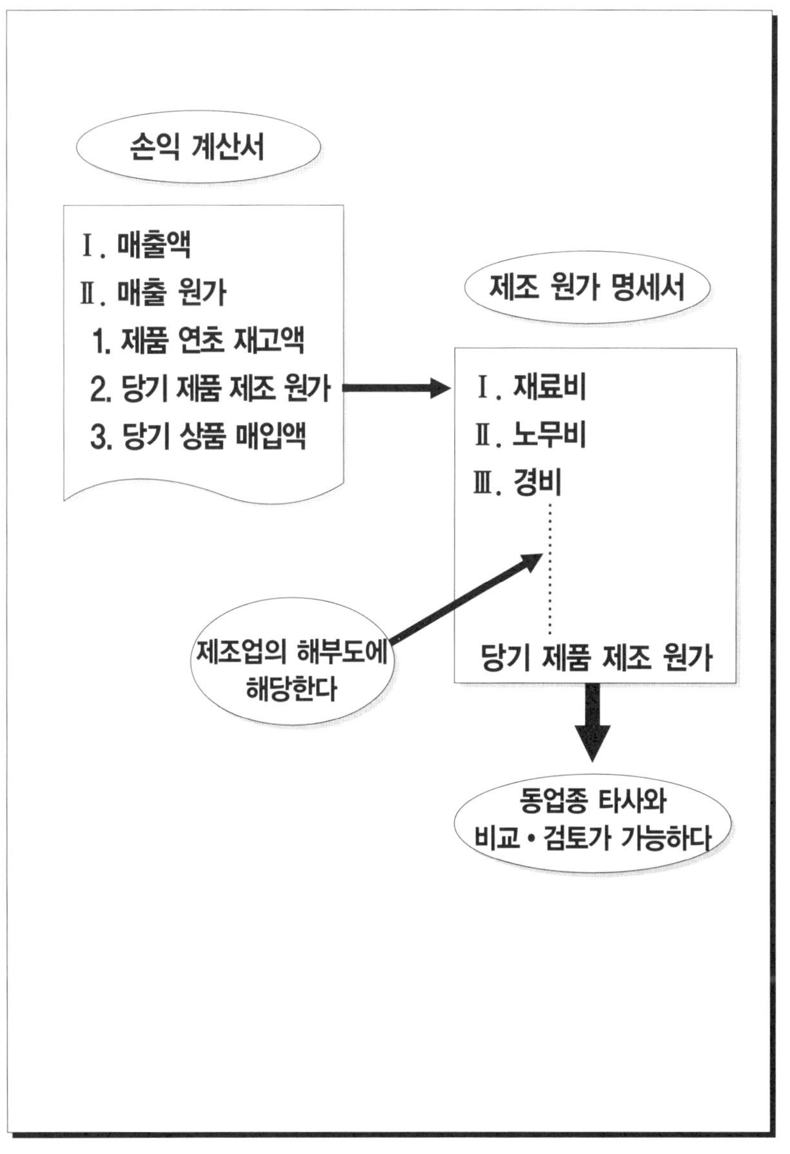
손익 계산서
I . 매출액
II . 매출 원가
1. 제품 연초 재고액
2. 당기 제품 제조 원가
3. 당기 상품 매입액
제조 원가 명세서
I . 재료비
II . 노무비
III . 경비
당기 제품 제조 원가
제조업의 해부도에
해당한다
동업종 타사와
비교·검토가 가능하다

함하지 않은 것을 말한다. 공장의 광열비, 기계 등의 감가상
각비, 교통비, 통신비 등이 포함된다.

이처럼 제조업에서 원가를 구성하는 요소를 임의로 분류해 놓은
이유는, 제품을 생산하는 데 비용이 얼마나 들어갔는지 상세하게
점검하기 위해서다.

●동업종 타사와 비교·검토도 가능하다

내용이 상세하면 여러 가지를 파악할 수 있다. 제조 원가가 매출
액에서 차지하는 비중이 높거나 낮을 경우에는 그 원인을 추측할 수
있는 단서를 제공해 준다. 또한 동업종 타사의 원가 요소의 구성비와
비교하여 자사의 원가 구성의 문제점을 알 수 있다.

좀 더 자세하게 점검하고 싶다면, 당기 총제조 비용, 기수 가공
중인 제품 재고액, 기말 가공 중인 제품 재고액, 당기 제품 제조
원가에 주목하자.

'당기 총제조 비용'이란 재료비와 노무비, 경비를 합산한 것을
말한다. '가공 중인 제품'이란 제조 공정으로 이제 막 만들기 시작
한 제품을 말하며, 연초에 만든 것을 '기수 가공 중인 제품', 연말
에 만든 것을 '기말 가공 중인 제품'이라고 한다. 이 제품들은 아
직 제품으로 완성된 것이 아니므로 비용에는 포함하지 않는다.

기수 가공 중인 제품에 당기 총제조 비용을 더해 기말 가공 중인
제품 재고액을 빼면, 당기에 완성된 제품의 제조 원가를 계산할
수 있다. 이로 인해 제조업의 들어간 자금에 대한 치밀한 분석을
엿볼 수 있다.

■ 제조업 원가의 3대 요소

① 재료비
제품을 생산하기 위한 원자재 구입에
들어간 비용
② 노무비
공장 노동자, 일용직 노동자,
사무직원의 급료로 지불되는 비용
③ 경비
재료비, 노무비에 포함되지 않는
광열비 등에 지불하는 비용
제조 공정에 들어가는 모든 비용은
3가지로 집약할 수 있다

4 원가는 직접비와 간접비로 나눈다

매출액의 구성 요소인 가격과 수량의 결정에 활용할 수 있다

●제품의 생산 공정에 들어가는 엄격한 코스트 감각

제조업에서는 유통업과 서비스업 못지않게 코스트 감각이라는 비용에 대한 엄격한 시각이 이전부터 있었다. 특히 공장에서 제품을 만드는 공정에 들어가는 비용인 원가에 대해서는 재료비, 노무비, 경비라는 구분법 외에도 **직접비**와 **간접비**라는 분류도 일반적이다.

직접비와 간접비는 결산서에는 등장하지 않지만, 경리와 재무가 담당하는 원가 계산 업무에서는 친숙한 숫자다. '직접비'란 차체에 쓰이는 동판, 가구에 쓰이는 목재, 과자에 빼놓을 수 없는 밀가루 등 특정 제품을 만드는 데 들어간 비용을 말한다. 특정한 차와 가구에 쓰이는 동판 및 목재의 양과 무게는 거의 일정하고, 가격도 분명하기 때문에 이러한 원가는 직접비에 속한다.

이에 비해 복수의 제품을 만드는 데 사용되어, 금액과 제품의 관계를 특징짓기가 힘든 비용을 '간접비'라고 한다. 또한 특징짓더라도 금액이 적어서 그 계산에 품이 드는 것도 간접비에 해당한다. 특정 제품의 제조에만 사용되는 것이 아닌 드릴이나 커터 같은 소모 공구가 이에 해당한다. 또한 공장 전체를 관리하고 감독하는 공장장의 급료나 건물 등의 감가상각비, 광열비 등도 분명 특정 제품의 원가는 아니다. 이처럼 특징짓기 어려운 원가가 간접

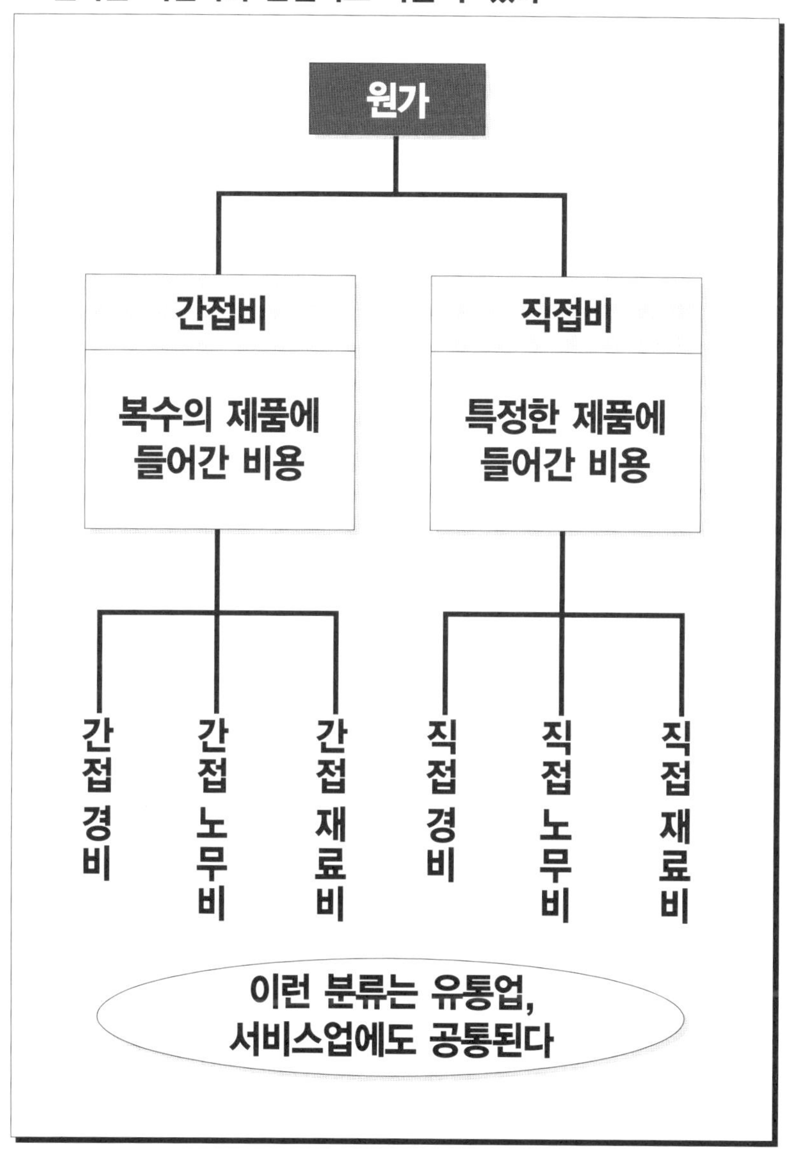
원가
간접비
복수의 제품에
들어간 비용
직접비
특정한 제품에
들어간 비용
간접경비
간접노무비
간접재료비
직접경비
직접노무비
직접재료비
이런 분류는 유통업,
서비스업에도 공통된다

비에 해당한다.

　재료비, 노무비, 경비를 직접비와 간접비로 나누면, 재료비와 노무비는 직접비에 해당하는 경우가 많고, 경비는 대부분 간접비에 들어가는 것이 일반적이다. 재료비, 노무비, 경비와 직접비, 간접비의 관계를 설명한 것이 그다지 명확하지 않은 것은 재료비, 노무비, 경비가 각기 직접 재료비, 간접 재료비로 되는 경우가 있기 때문이다.

●결산서 작성에 필요 불가결

　원가를 직접비와 간접비로 구분하는 이유는 다음과 같다.

① 결산서를 만든다

② 연간 예산을 만든다

③ 원가 관리를 한다

④ 제품의 가격을 정한다

⑤ 경영 상황을 판단한다

　원가는 크게 재료비, 노무비, 경비로 구분하지만, 실제로는 많은 요소로 구성되어 있다. 원가를 직접비와 간접비로 구분하는 것은 원가를 세분화하여 내용을 검토하고 분석하여, 이익의 원천인 매출액의 구성 요소, 즉 가격과 수량을 결정하는 데 활용하기 위해서다. 손익 계산서에는 '당기 제품 제조 원가'라고 한 줄로 나와 있지만, 이 원가를 직접비와 간접비로 나눌 뿐만 아니라 여러 가지 과정을 거쳐 계산하고 있음을 알 수 있다.

■ **원가를 직접비와 간접비로 나누는 5가지 목적**

① **결산서를 만든다**

② **연간 예산을 만든다**

③ **제품의 가격을 정한다**

④ **원가를 관리한다**

⑤ **경영 상황을 판단한다**

업무에 따라 다른 직접과 간접의 판단법

매출액과 관련성이 강하냐, 약하냐에 따라 판단한다

　제조업에서는 특정 제품을 만드는 데 들어간 비용을 직접비, 제품과의 관계를 특징짓기 어려운 경우에 들어간 비용을 간접비로 분류한다. 이러한 방식은 비용뿐 아니라 업무의 차이를 나타내는 데도 활용된다. 흔히 직접 부문, 간접 부문이라고 표현하는데, 이때 매출액을 올리는 데 직접 관련된 부서의 사원을 '직접 부문'이라고 한다.

　제조업이라면 자재의 구입, 생산, 가공, 판매, 회수 등의 업무를 담당하는 부문으로 '라인'이라고도 한다. 이에 비해 총무, 경리, 인사같이 직접 부문을 뒷받침하는 부문의 사원을 '간접 부문', 혹은 '스태프'라고 한다. 이 직접 부문과 간접 부문의 비율을 '직접 간접 비율'이라고 하여 인원 배치 계획의 한 기준으로 여기지만, 업종과 회사에 따라 다르다.

　그러나 여기서 직접 부문에 필요한 비용을 직접비, 간접 부문에 필요한 비용을 간접비라고 구분할 수 있을지는 제품 공정과 마찬가지로 그리 간단치가 않다.

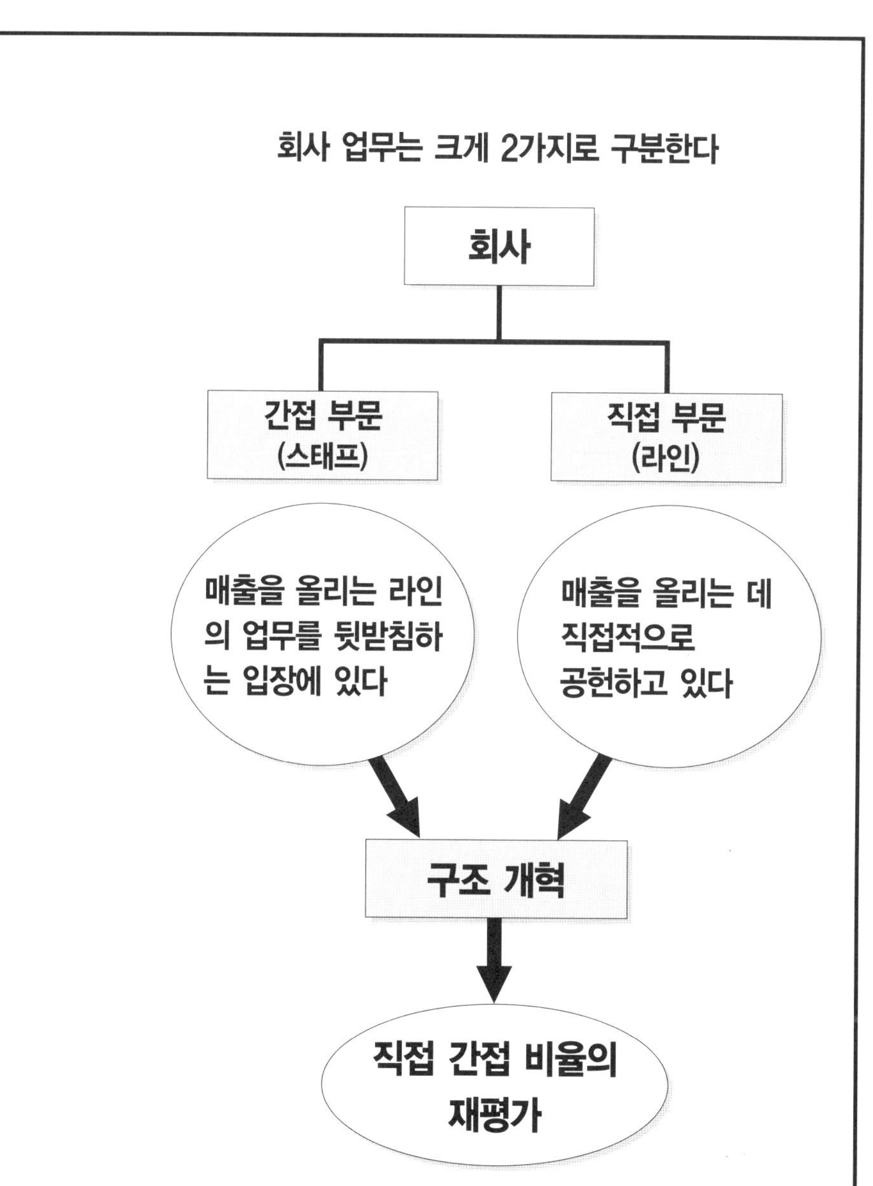
회사 업무는 크게 2가지로 구분한다
회사
간접 부문
(스태프)
직접 부문
(라인)
매출을 올리는 라인의 업무를 뒷받침하는 입장에 있다
매출을 올리는 데 직접적으로 공헌하고 있다
구조 개혁
직접 간접 비율의 재평가

5 영업비란 어떤 비용을 말하는가?

영업 활동에 수반되어 발생하는 모든 비용

● 판매비와 일반 관리비로 판단하는 것이 기본

영업 활동에 들어가는 비용을 말하면 가장 먼저 떠오르는 것이 영업비인데, 손익 계산서에는 **판매비와 일반 관리비**로 나와 있다. 두 용어의 차이는, 영업비는 원가를 계산하기 위한 명칭일 뿐 실질적으로는 같다고 보면 된다.

엄밀하게 말하면, 여기서 말하는 영업의 개념에는 공장에서 이루어지는 제조 활동도 들어간다. 그러나 보통 영업 부문이라고 하면 공장 등의 제조 부문은 포함되지 않고, 판매와 광고 선전 등 영업 활동을 뒷받침하는 부문의 총칭을 말한다. 그리고 영업 활동의 경우, 제품이나 상품, 서비스를 판매하는 활동과 아울러 이를 뒷받침하는 본사의 관리 활동도 포함한다. 따라서 영업비로 불리는 판매비와 일반 관리비는 영업 활동에 수반되어 발생하는 모든 비용을 말한다.

판매비와 일반 관리비의 내용은 회사에 따라 약간씩 다르게 분류하지만, 종업원 급여 수당, 제품 운송비, 판매 촉진비, 광고비 등 매우 다양하다는 점이 특징이다.

일반적으로 판매비가 영업 활동을 위해 사용하는 비용이라면, 일반 관리비는 회사 전체의 관리를 위해 사용하는 비용이다. 그러

■ 영업 활동 중에 발생하는 모든 비용이란?

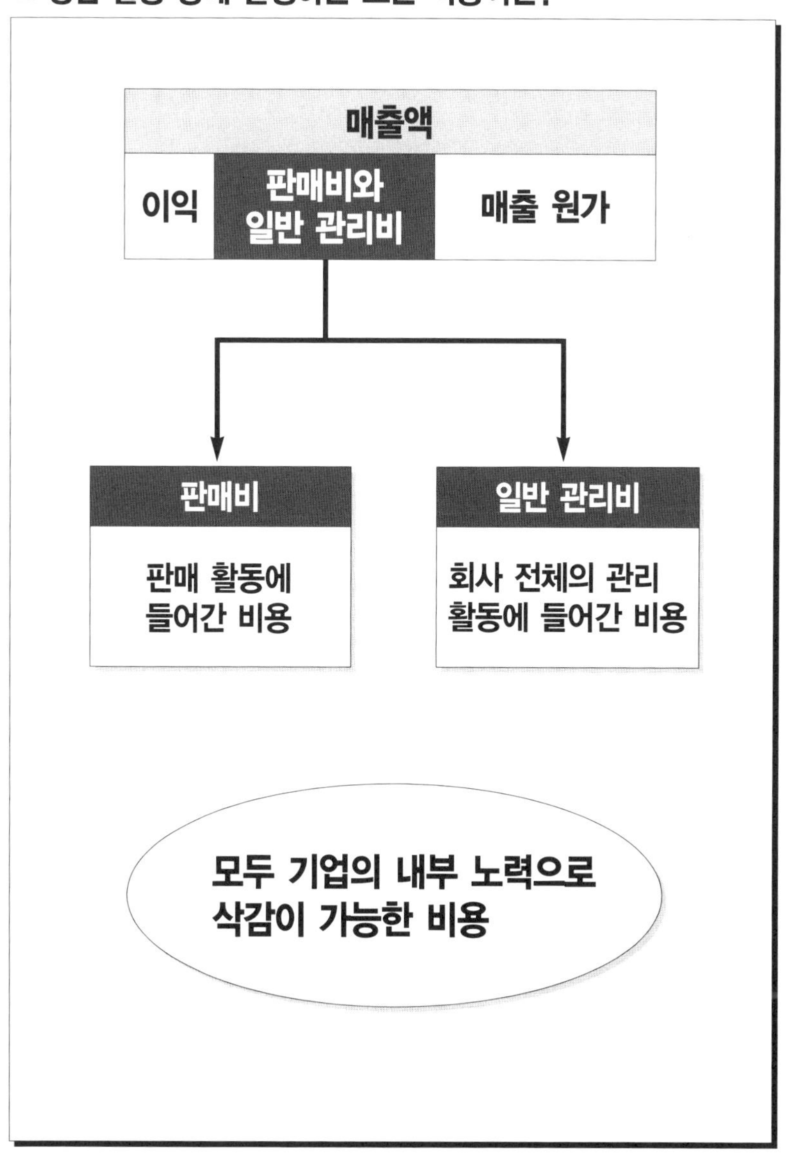
매출액
이익
판매비와
일반 관리비
매출 원가
판매비
판매 활동에
들어간 비용
일반 관리비
회사 전체의 관리
활동에 들어간 비용
모두 기업의 내부 노력으로
삭감이 가능한 비용

나 107쪽의 도표처럼 판매비와 일반 관리비의 경계가 명확하지 않기 때문에, 회사에 따라서는 판매비와 일반 관리비 항목을 같은 것으로 판단하여 판매비에 속하는 비용 약 60%, 일반 관리비에 속하는 비용 약 40%라고 구분한다.

●삭감해야 하는 비용과 써야 하는 비용

판매비와 일반 관리비는 영업 활동에 들어가는 비용이지만, 특정한 제품이나 상품과의 연결이 분명하지 않은 것이 많다는 데 특징이 있다. 제품이나 상품보다 기업을 인지시키기 위한 이미지 광고가 대표적인 사례에 속한다. 또한 가격에 대해 어느 정도가 적정 금액인지 알기 힘들다는 점도 판매비와 일반 관리비가 갖는 특징이자 결점이다.

그러나 판매 가격과 판매 타깃의 결정에 영향을 갖는 만큼, 종류별이나 판매 지역 등으로 나누어 집계하고 분석함으로써 판매 촉진에 도움이 된다는 점은 판매비와 일반 관리비가 지닌 장점이다.

효율면에서 보면 판매비는 원래 써야 할 비용, 일반 관리비는 삭감해야 할 비용이며, 불황일 때는 모두 삭감해야 할 비용으로 본다. 이는 매출을 늘려 이익을 확보하는 불확실성보다도, 이익에 직결되는 비용은 내부 노력으로 확실히 줄일 수 있는 요소이기 때문이다.

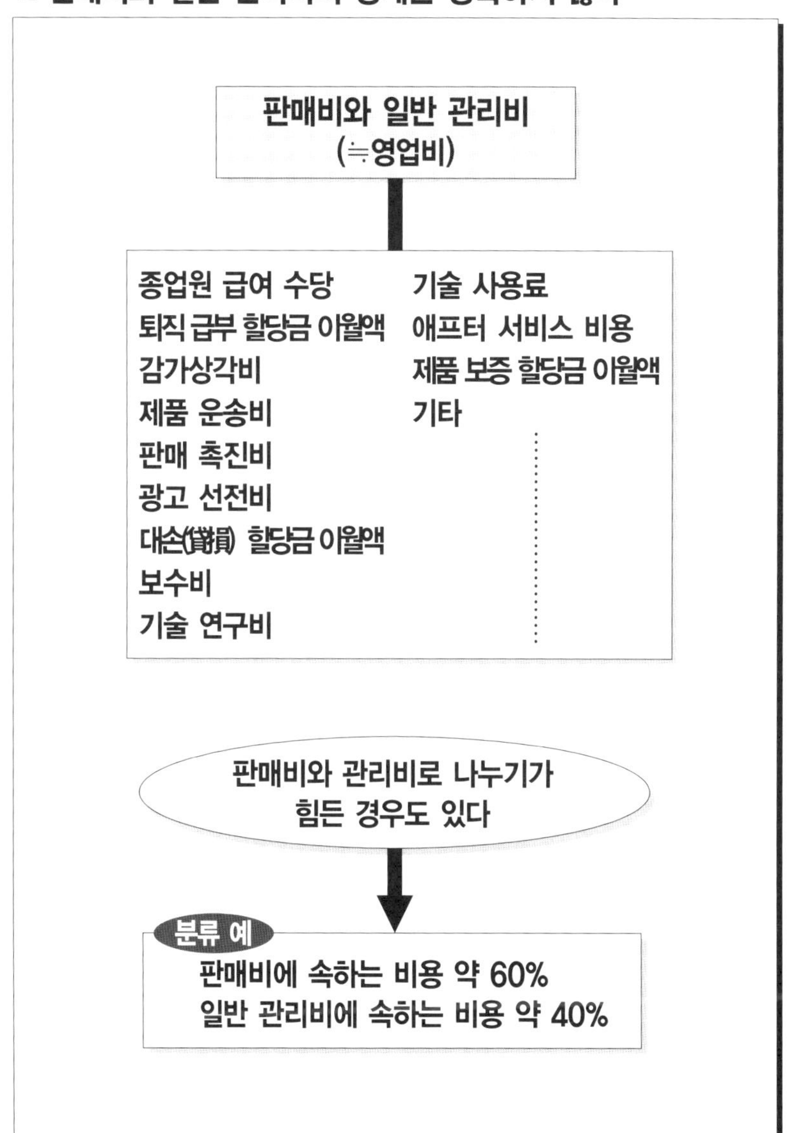
판매비와 일반 관리비
(≒영업비)

종업원 급여 수당
퇴직 급부 할당금 이월액
감가상각비
제품 운송비
판매 촉진비
광고 선전비
대손(貸損) 할당금 이월액
보수비
기술 연구비

기술 사용료
애프터 서비스 비용
제품 보증 할당금 이월액
기타

판매비와 관리비로 나누기가
힘든 경우도 있다

분류 예
판매비에 속하는 비용 약 60%
일반 관리비에 속하는 비용 약 40%

비용의 효율성은 매출액과의 관계로 판단한다

삭감해야 할 비용과 써야 할 비용이 명확해진다

'최소의 비용으로 최대의 이익'은 비즈니스 세계의 명제다.

판매비와 일반 관리비(판매·관리비=영업비)가 이익에 큰 영향을 미치는 것은, 매출 원가가 같다면 영업비를 줄여야 이익의 폭이 커지기 때문이다. 이러한 점에서 판매비와 관리비를 관리하는 것이 중요하다.

판매비와 관리비가 효율적으로 지출되는가에 대한 판단 방법 가운데 가장 기본적이고 효과적인 방법은, 매출액에 대한 각종 판매비와 관리비의 비율인 매출액 대비를 계산하는 것이다.

판매비와 관리비가 매출액에 차지하는 비율은 업종에 따라 다르지만, 이것을 어떻게든 줄이는 것이 이익 증가의 포인트다. 그 비율은 낮을수록 좋다는 것을 알 수 있고, 삭감해야 할 비용과 꼭 써야 할 비용도 명확해진다. 비율이 높으면 비용이 들고 있는 것으로, 결국 매출액에 대한 이익률도 낮아짐을 의미한다. 좀 더 자세하게 검토하려면 판매비와 일반 관리비의 많은 항목을 점검하면 된다.

비용의 효율성은 매출액과 영업비의 관계로 점검

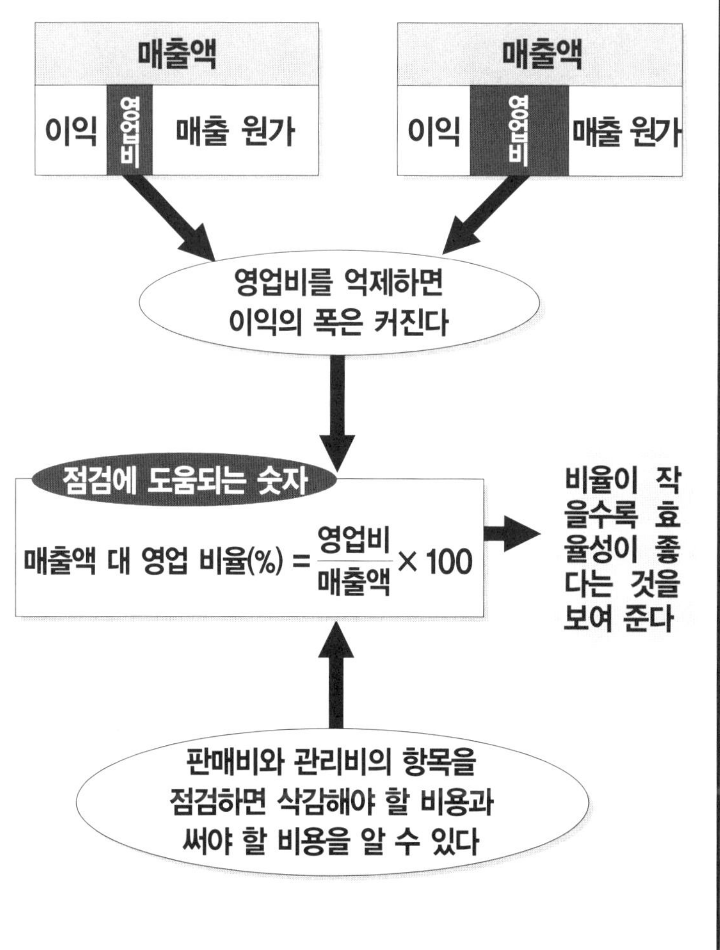

6 비용을 고정비와 변동비로 분류한다

매출액에 비례하는 비용과 비례하지 않는 비용이 있다

●비용을 나누는 방식이 비용 분해

이익을 내거나 이익의 폭을 크게 하기 위한 대전제는 비용을 줄이는 데 있다. 비용을 삭감하기 위한 수단은 비용의 내용을 철저하게 점검하는 일인데, 그 기본 가운데 하나가 비용을 **변동비**와 **고정비**로 나누는 **비용 분해**의 방식이다.

변동비는 매출액이 늘면 증가하고 매출액이 줄면 감소하는 비용으로, 매출액이 제로일 경우는 당연히 변동비도 제로가 된다. 예를 들어 제조업에서 10개 생산하면 10개 분, 100개 생산하면 100개 분이라는 식으로 비례해서 증가한다. 이와 같이 제조업의 원자재비를 비롯하여 외주 가공비, 동력 연소비 등 유통업의 상품 매입 원가, 제품 운송비, 판매 수수료, 배당금 같은 인건비도 변동비에 들어간다.

이에 비해 고정비는 매출액과 상관없이 나가는 비용을 말한다. 이는 매출이 있든 없든 상관없이 발생한다는 특징이 있다. 급료 수당, 기계나 건물의 감가상각비, 임차료, 보험료 등 매달 일정하게 나가는 것이 이에 해당한다. 이를 구체적으로 살펴보면, 레스토랑의 조리용 생선, 야채, 쌀, 조미료 등의 재료비가 그 예로 손님 수에 따라 증감한다.

■ 비용은 고정비와 변동비로 분해할 수 있다

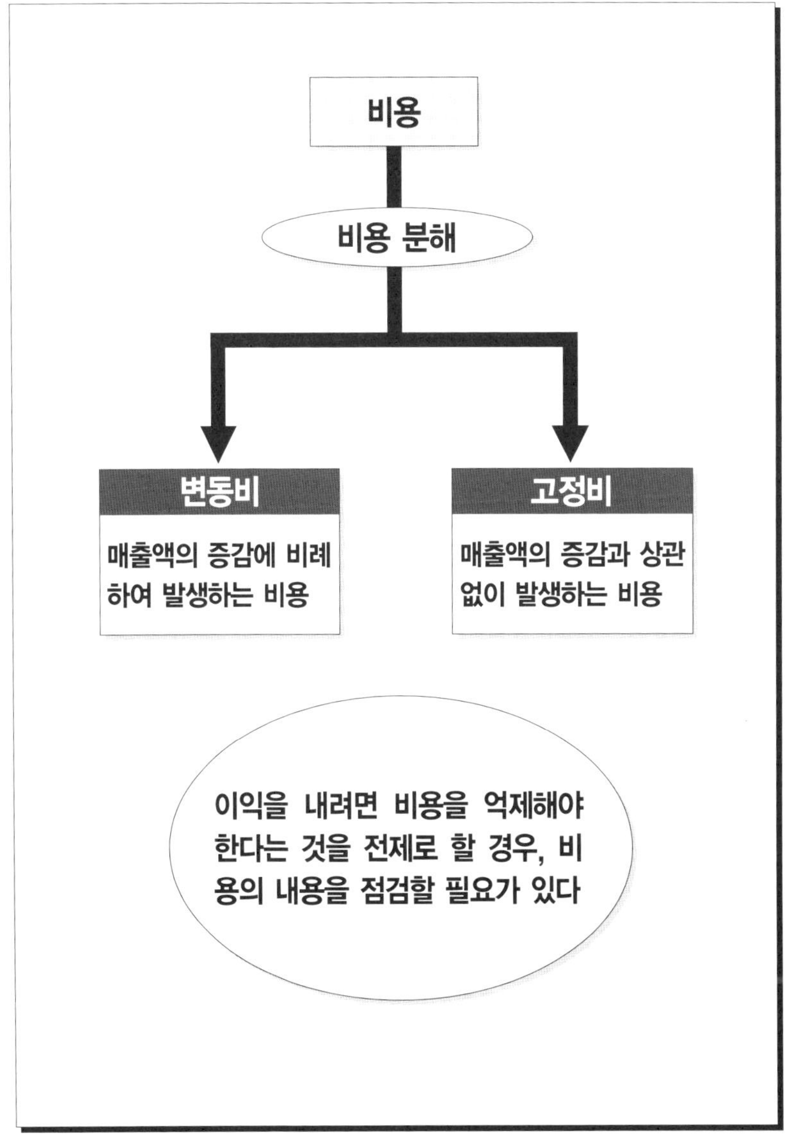

●비용 과목마다 발생하는 성질을 고려해서 나눈다

비용 분해는 비용을 변동비와 고정비로 나누는 방식이다. 회사의 비용은 매우 잡다해서 비용에 따라서는 중간적인 성질을 지닌 것도 있으므로 명확하게 구분하기 힘들다. 그러므로 다양한 방법이 활용되는데, 주로 다음의 3가지 방식을 들 수 있다.

① 일본 은행 방식

② 중소기업청 방식

③ 계정 과목 분해법

일본 은행 방식과 중소기업청 방식은 재료비와 외주비가 변동비에 들어가는 등 계산 결과가 거의 같다. 그러나 이 3가지 방식 가운데 제일 알기 쉽다는 점에서 흔히 사용되는 것이 ③의 계정 과목 분해법이다.

계정 과목 분해법의 특징은 과목마다 발생하는 성질을 고려하여 비용 과목을 분류한다는 점이다. 다만 이 방식은 업종이나 회사 형태에 따라 비용 발생의 요인이 다르므로, 자사의 실정을 고려하여 분류해야 한다. 예를 들어 일용직 사원의 인건비는 변동비에 넣어야 할지 고정비에 넣어야 할지 애매하므로 비중에 따라 구분하는 방법이 필요하다.

비용 분해는 처음에는 크게 구분하고, 나중에 필요에 따라 세분화하는 것이 기본이고 처리하기도 쉽다.

	비목	고정비	변동비
매출 원가	매입원		○
	재료비		○
	매입 부품비		○
	외주 가공비		○
	직접작업원급료수당		○
	보조 공구비		○
	작업용 소모품비	○	
	동력용 전력료	○	○
	동력용 연료비		○
	감가상각비	○	
판매비	판매원 급료 수당	○	○
	제품 운송비		○
	지불 보관료	○	○
	포장비		○
	판매 촉진비		○
	광고 선전비		○
	판매 수수료		○

	비목	고정비	변동비
일반 관리비	판매 소모품비	○	○
	임원 보수	○	
	복리 후생비	○	
	퇴직 급부 할당금 이월액	○	
	사무용품비		○
	여비 교통비		○
	통신비		○
	접대 교제비		○
	지불 수수료		○
	수도 광열비		○
	지대 임대료		○
	감가상각비	○	
	조세 공과	○	
	보험료	○	
	잡비		○

업종과 회사 형태에 따라
발생하는 메커니즘이 다르다

 7 매출액·이익·비용의 균형을 판단한다

기본은 이익도 손실도 나지 않는 수지가 같은 상태

●들어간 비용을 회수할 수 있는 매출액

회사는 이익을 추구하기 때문에 비용이 얼마나 들었고, 매출은 얼마나 돼야 하는지 목표를 세운다. 여기서 매출액, 비용, 이익의 균형이 문제가 된다. 이러한 균형을 파악하기 위해 활용하는 것이 **손익 분기점**이다.

손익 분기점이란 매출액이 더 이상 떨어지면 손실을 가져오는 데드 포인트(dead point)를 나타내며, 이익도 손실도 나지 않는 '수지가 같은 상태'를 말한다. 바꿔 말하면 적자도 흑자도 아닌 매출액이므로, 매출액＝비용의 관계가 성립한다. 즉 들어간 비용을 회수할 수 있는 매출액인 셈이다.

회사는 경영 활동 뒤에 그 목적이 달성됐는지의 여부를 검증하는 일은 회사의 업무 가운데 빼놓을 수 없는 일이다. 이는 제품을 생산하거나 상품을 매입하여 팔면 비용은 얼마나 들고 이익은 얼마나 되는지 조사할 필요가 있기 때문이다. 이와 같이 손익 분기점은 비용(Cost), 매출액(Volume), 이익(Profit)의 관계를 나타내는데, 각각의 영어에 해당하는 첫 글자를 따서 CVP 분석이라고 하며, 이 관계를 나타낸 것이 손익 분기점 도표이다.

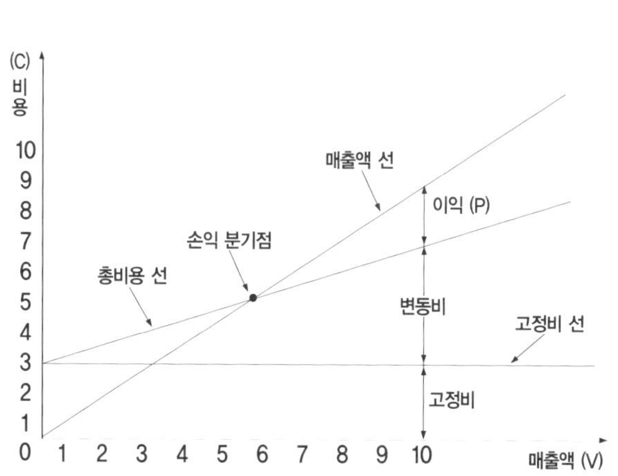

손익 분기점이란 …

매출액과 총비용이 같아지는 점, 즉 이익이 0인 점이고 손익 분기점보다 매출이 늘면 비로소 이익이 나온다

손익 분기점에서 무엇을 알 수 있는가?

① 목표 이익을 위한 매출액을 알 수 있다
② 고정비와 변동비의 비율을 알 수 있다
③ 적정한 비용을 알 수 있다
④ 회사의 안전성을 알 수 있다
⑤ 제품의 채산성을 알 수 있다

●목표 이익을 달성하기 위한 필요 매출액도 구할 수 있다

손익 분기점은 계산으로 구할 수 있는데, 그 기본 공식에 빠질 수 없는 지표가 변동비와 고정비다.

손익 분기점은 이익도 손실도 나지 않는 매출액이므로, 매출액에서 비용을 빼면 제로가 된다. 즉 매출액에서 변동비와 고정비를 빼면 제로가 되는 매출액이 손익 분기점이다. 예를 들어 매출액 1,000만 엔, 고정비 300만 엔, 변동비 600만 엔인 회사의 손익 분기점을 구하면 750만 엔이 된다. 이 회사의 경우 750만 엔의 매출액에서 수지가 같아져, 그 이상이면 이익이 나오고 이하면 적자가 된다. 손익 분기점을 낮추려면 가능한 한 매출액의 증감과 상관없이 지출인 고정비를 압축하고 변동비는 줄이는 것이 기본이다.

또한 목표 이익을 달성하는 데 필요한 매출액도 손익 분기점으로 구할 수 있다. 예를 들면 매출액 2,000만 엔, 변동비 1,400만 엔, 고정비 400만 엔인 경우, 목표 이익을 300만 엔으로 하는 매출액도 공식에 맞춰 계산하면 2,333만 엔의 매출액이 필요함을 알 수 있다.

손익 분기점의 장점은 제품이나 상품의 수지를 파악할 수 있는 것이고, 반면에 단점은 계산할 때 비용을 변동비와 고정비로 나누는 작업이 어렵다는 점이다. 그런 이유로 소매업에서는 대략적인 계산만 파악하면 된다고 생각하여, 원래의 공식을 참고하여 매출원가만을 변동비로 하는 간편법을 활용하고 있다.

■ 손익 분기점의 공식은 여러 가지다

$$\text{손익 분기점} = \frac{\text{고정비}}{1 - \dfrac{\text{변동비}}{\text{매출액}}}$$

$$= \frac{\text{고정비}}{1 - \text{변동 비율}}$$

$$(\text{변동 비율} = \frac{\text{변동비}}{\text{매출액}} \times 100)$$

$$\text{목표 이익 매출액} \atop \text{(필요 매출액)} = \frac{\text{목표 이익} + \text{고정비}}{1 - \dfrac{\text{변동비}}{\text{매출액}}}$$

고정비와 변동비의 구분이 어려울 경우의 간편법

$$\text{손익 분기점} = \frac{\text{고정비}}{\text{매출 총이익률}} = \frac{\text{각종 경비}}{1 - \text{매출 원가율}}$$

$$(\text{매출 원가율} = \frac{\text{매출 원가}}{\text{매출액}} \times 100)$$

$$\text{목표 이익 매출액} = \frac{\text{목표 이익} + \text{각종 경비}}{1 - \text{매출 원가율}}$$

(또는 매출 총이익률)

● 손익 분기점을 응용하면 안전성도 점검할 수 있다

회사의 안전성은 어떻게 점검하면 될까? 이는 손익 분기점을 응용한 **손익 분기점 비율**과 **안전(여유)율**이라는 2가지 지표로 점검할 수 있다.

손익 분기점 비율은 현재의 매출액과 손익 분기점의 관계를 판단하는 지표이며, 손익 분기점을 매출액으로 나누어 구한다. 예를 들어 매출액 1,200만 엔, 손익 분기점 900만 엔의 경우는 75%가 된다. 이 숫자는 현재의 매출액이 앞으로 25% 줄어든다 해도 적자가 되지 않음을 나타낸다. 비율이 낮을수록 안정성이 높은데, 업종에 따라서 상당한 격차가 있기 때문에 미리 판단 기준을 점검해 둘 필요가 있다.

한편 현재의 매출액을 100%로 해서 손익 분기점 비율과의 차이를 두는 것이 안전 여유율이다. 이는 현재의 매출액이 안전 여유율의 수치만큼 내려가면 손익 분기점이 된다. 앞의 예로 계산하면 안전 여유율은 25%가 되고 이 수치만큼 내려가도 적자는 아니므로, 안전 여유율은 높을수록 좋다.

손익 분기점 비율과 안전 여유율은 수치가 반대이고, 이 2가지를 더하면 100%가 된다. 안전 여유율을 높이려면 손익 분기점 비율을 낮춰야 하는데, 그럴려면 매출액이 증가하거나 손익 분기점이 내려가야 한다. 따라서 고정비와 변동비가 좀 더 내려가야 한다는 결론이 나온다.

■ 손익 분기점을 응용하면 안전성도 점검할 수 있다

$$손익 \ 분기점 \ 비율(\%) = \frac{손익 \ 분기점}{실제 \ 매출액} \times 100$$

└─ 비율이 작을수록 안전성은 높다

손익 분기점 비율 + 안전 여유율 = 100%

$$안전 \ 여유율(\%) = \frac{매출액 - 손익 \ 분기점}{매출액} \times 100$$

└─ 비율이 클수록 안전성은 높다

반대 관계에 있는 2가지 숫자

변동비와 고정비의 비율은 업종에 따라 다르다

저변동비·고고정비형과 고변동비·저고정비형

고정비와 변동비가 매출액에서 차지하는 비율은 업종에 따라 차이가 있는데, 다음의 2가지로 크게 나눌 수 있다.

① 저(低)변동비·고(高)고정비형

제조업이 이 유형에 속하며, 손익 분기점을 넘어서면 이익률이 급격히 증가하고, 반대로 손익 분기점을 밑돌면 급격한 적자가 된다. 또한 이 유형을 보다 극단적으로 보여 주는 것이 인건비가 고정비의 대부분을 차지하는 서비스 산업이다.

두 업종 모두 이익을 올리는 기본적인 수단은 고정비를 삭감하는 것인데(일시적으로 손실은 늘어난다), 그 가운데 가장 손쉬운 방법은 인원 감축이고, 공장이나 점포를 폐쇄하는 것도 효과가 있다.

② 고변동비·저고정비형

유통업에서 볼 수 있으며 손익 분기점을 넘어도 이익률은 크지 않다. 이익률을 높이려면 변동 비율을 낮추어야 하는데, 현금 거래로 대표되는 할인점 등은 납입 단가나 지불 운임의 인하가 효과적인 수단이다.

이익률을 높이는 방법은 유형에 따라 다르기 때문에, 업종이나 회사 형태의 특징을 고려해야 한다.

변동비와 고정비로 판단하는 2가지 유형

〈저변동비 · 고고정비형〉

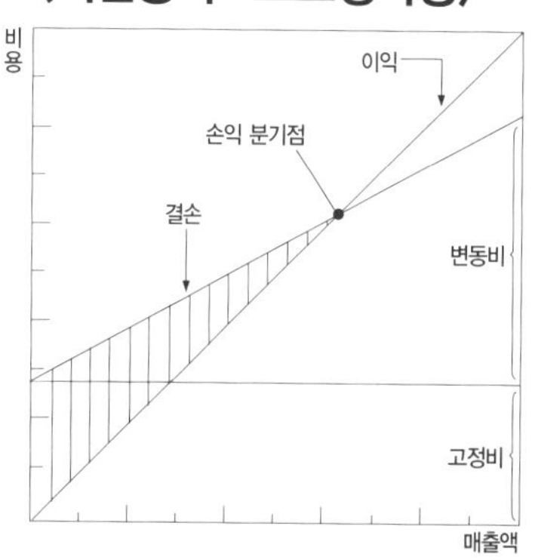

제조업에서 볼 수 있는 유형으로, 보다 극단적인 것이 인건비의 비중이 높은 서비스 산업이다

〈고변동비 · 저고정비형〉

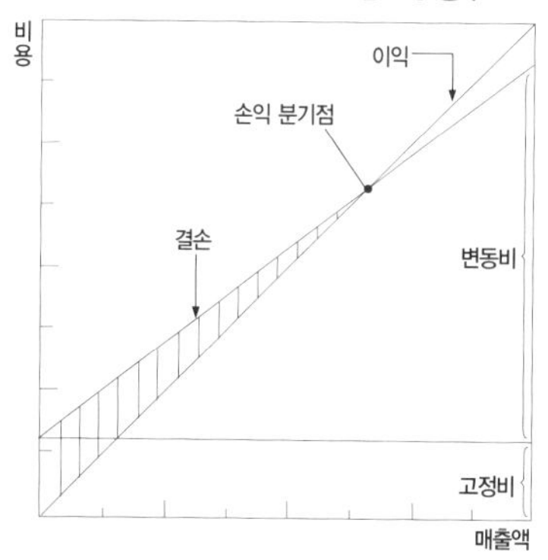

주로 유통업에서 볼 수 있으며, 손익 분기점을 넘어도 이익률은 크지 않다

이상적인 것은 저변동비 · 저고정비형

채산점을 판단하는 기준

수익성·안전성을 파악하는 데 도움이 되는 한계 이익과 한계 이익률

●3가지 패턴이 있다

회사가 취급하는 제품 구성을 적절하게 활용하여 이익을 최대한 올리기 위해서는 매출액, 이익, 비용의 관계를 파악하는 것이 포인트다.

이 경우에 중요한 것은 매출액에서 변동비를 빼서 구한 '한계 이익'이다. 변동비에 고정비를 더한 것이 비용이지만, 고정비는 매출액과 상관없이 일정하게 들어가는 비용이므로 고정비에 이익을 더한 것이 한계 이익이다. 이러한 한계 이익에 이익이 포함되어 있으므로, 한계 이익은 클수록 좋고 작으면 좋지 않다는 점에서 다음과 같은 3가지 유형이 나온다.

① 채산이 맞지 않는 상태—**한계 이익** 〈 **고정비**
② 손익 분기점의 상태—**한계 이익** = **고정비**
③ 채산이 맞는 상태—**한계 이익** 〉 **고정비**

따라서 한계 이익은 매출액의 증감에 비례하여 증감하는 것으로, 고정비와 비교하면 이익을 알 수 있다. 또한 한계 이익이 고정비보다 큰 ③번 같은 경우에는 그 고정비를 상회하는 한계 이익은 모두 이익이 된다. 간단히 말해 수많은 제품 가운데 한계 이익이 가장 큰 것이 이익을 낸다.

■ 한계 이익과 고정비의 균형으로 채산을 판단한다

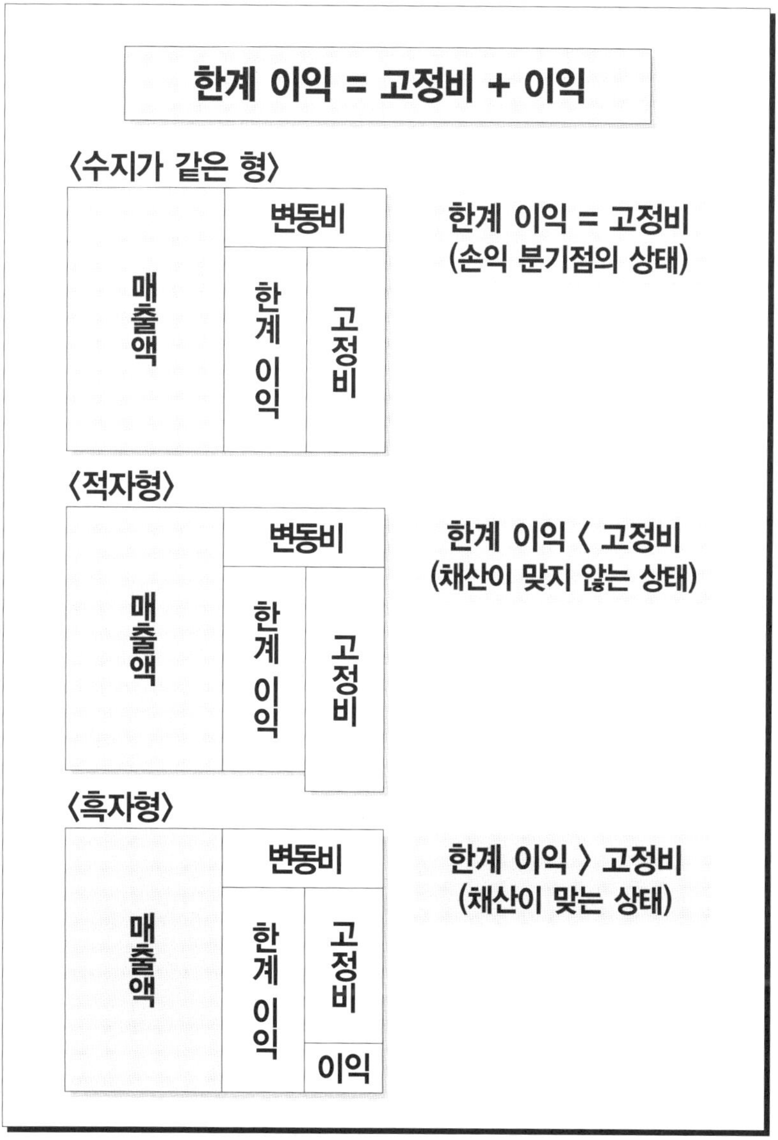

한계 이익 = 고정비 + 이익

〈수지가 같은 형〉

<table>
<tr><td rowspan="2">매출액</td><td colspan="2">변동비</td></tr>
<tr><td>한계 이익</td><td>고정비</td></tr>
</table>

한계 이익 = 고정비
(손익 분기점의 상태)

〈적자형〉

<table>
<tr><td rowspan="2">매출액</td><td colspan="2">변동비</td></tr>
<tr><td>한계 이익</td><td>고정비</td></tr>
</table>

한계 이익 〈 고정비
(채산이 맞지 않는 상태)

〈흑자형〉

<table>
<tr><td rowspan="3">매출액</td><td colspan="2">변동비</td></tr>
<tr><td rowspan="2">한계 이익</td><td>고정비</td></tr>
<tr><td>이익</td></tr>
</table>

한계 이익 〉 고정비
(채산이 맞는 상태)

이와 같이 한계 이익이 고정비의 회수와 이익의 획득에 공헌하기 때문에 '공헌 이익'이라고도 한다. 한계 이익은 높을수록 좋고, 낮은 경우에는 이익률이 높은 상품을 개발하거나 구성비를 바꾸는 수단을 강구해야 한다.

●변동 비율은 낮을수록 좋다

한계 이익은 한계 이익을 매출액으로 나눈 **한계 이익률**이 클수록 이익률이 커지기 때문에 중요한 판단 기준이 된다. 한계 이익률이 높은 상품일수록 이익을 많이 올리고, 그 수치가 낮은 상품은 이익을 올리기 어려우므로 판매 중지 등의 검토를 할 수 있다.

회사가 취급하는 제품 가운데 한계 이익과 한계 이익률이 모두 높은 제품이 이상적이지만, 한계 이익이 같다면 우선은 한계 이익률이 높은 제품을 선택하는 것이 기준이다. 한계 이익률이 높다는 것은 변동 비율(매출액에 대한 변동비의 비율)이 낮음을 의미한다. 즉 변동비의 액수가 적다는 것이다. 그리고 변동 비율이 낮으면 손익 분기점도 낮아서 이익이 빨리 나오며, 높은 경우는 손익 분기점이 높아 이익이 나오기 어려우므로 원자재비나 매입 원가 등의 삭감에 총력을 기울여야 한다.

한계 이익의 방식은 제품 구성뿐 아니라 가격 정책의 결정, 목표 이익을 정할 때도 도움을 준다. 그러기 위해서는 제품별, 고객별로 나누어 계산하면 훨씬 더 정확한 실태를 파악할 수 있다.

■ 한계 이익률로도 수익성을 판단할 수 있다

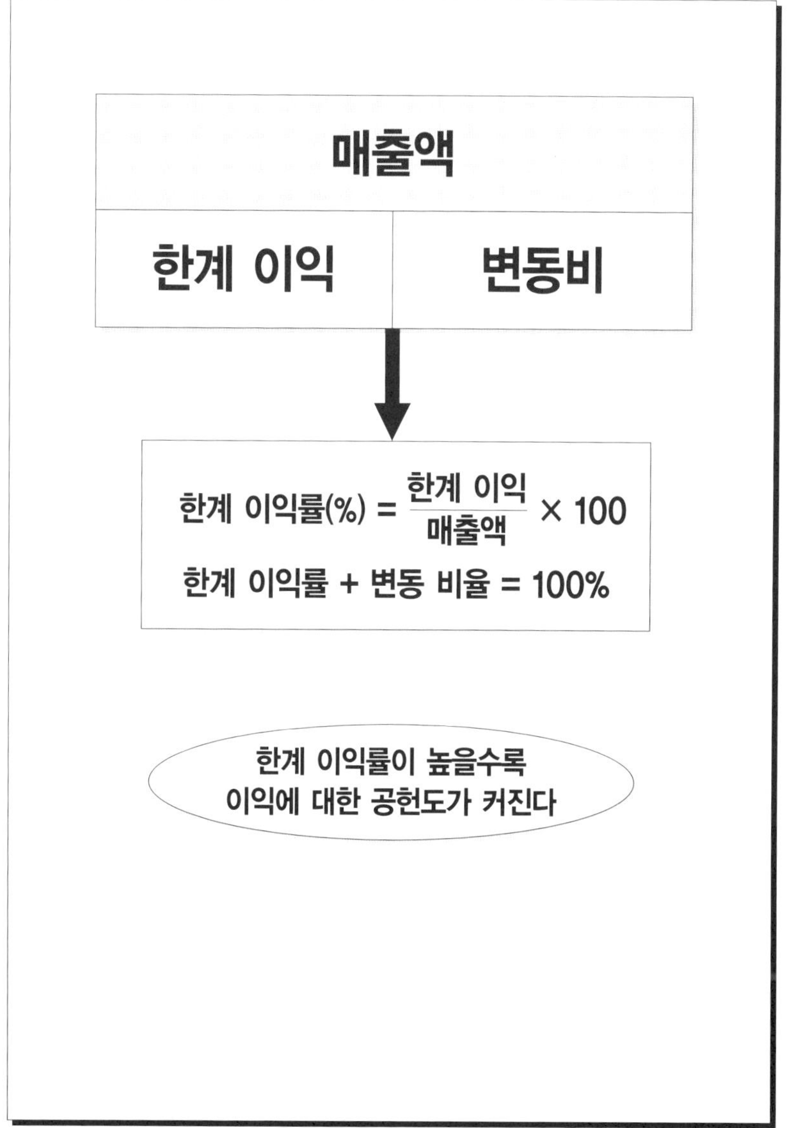

자산을 비용으로 바꾸는 절차가 있다

자산 가치의 감소를 평가하는 것이 감가상각비

●감소분을 매년 비용화한다

원자재비, 인건비, 광고 선전비 등은 해마다 비용으로 지출한다. 이에 비해 거래처 순방에 사용하는 승용차, 건물이나 기계 설비, 비품 등 소위 고정 자산은 오랫동안 사용할 것을 목적으로 하는 자산이다. 그러므로 이 자산을 구입한 연도에 한꺼번에 비용으로 계산하는 것이 아니라, 내용연수(耐用年數)에 따른 감소분을 매년 비용으로 제한다. 이것을 감가상각이라고 하는데, 감가상각이란 자산을 비용으로 바꾸는 절차다. 지적 재산인 특허권도 감가상각의 대상이 된다.

즉 사용할수록 가치가 줄어드는 건물이나 기계 등의 고정 자산을 금년도에는 얼마 감가했는지 계산하여 손익 계산에 넣는 것이다. 또한 연말에 남은 자산을 상각하고 가치를 대차 대조표에 계상하는 절차가 감가상각이다.

감가상각비는 매출 원가와 판매비 및 일반 관리비에 포함되지만, 돌발적으로 생기는 비용은 감가상각의 대상에 속하지 않는다.

●빨리 상각하고 싶다면 정액법보다는 정율법

내용연수에 의거해서 각 연도마다 비용을 배분하는 방법으로 대

■ 감가상각은 고정 자산을 비용으로 바꾸는 절차다

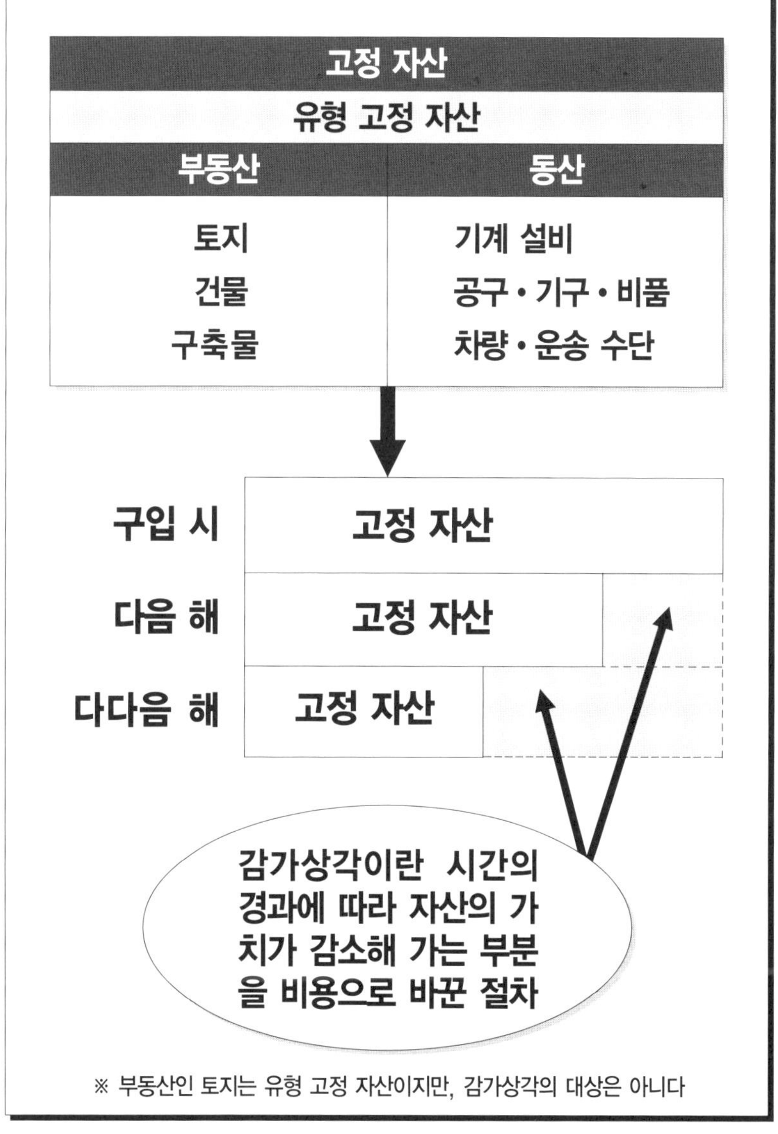

표적인 것이 정액법과 정율법이다. 두 방법 모두 내용연수를 지나서도 사용할 수 있기 때문에 평가된 금액은 변하지 않는다.

'정액법'은 취득가액에서 잔존가액(내용연수가 끝났을 때의 평가액)을 뺀 금액을 법정 내용연수로 나누어 매년 일정한 금액을 비용화하는 방법이다. 즉 매년 같은 금액을 비용화할 수 있다. 예를 들면 내용연수가 6년인 200만 엔짜리 비품을 구입했다고 치면 잔존가액의 10%를 뺀 금액을 감가상각하는 것이므로, 180만 엔을 6년 동안 균등하게 상각하면 매년 30만 엔을 비용화해야 한다.

이에 비해 정율법은 내용연수 동안 매년 일정한 비율로 비용화시키는 방법이다. 이 방법에 의한 상각은 정액법에 의한 상각보다 자산의 비용화가 빨라진다. 그런 만큼 단기간에 비용화하는 것이 가능해진다.

그런데 정율법을 정액법으로 변경하면 일시적으로 감가상각비는 작아지고, 그 결과 감가상각비는 손익 계산상으로 비용이 줄어들어 이익이 많아진다. 따라서 상각 방법은 정당한 이유가 없는 한 변경할 수 없다. 이는 방법의 변경만으로도 적자 회사가 흑자 회사로 둔갑해, 사업 실적에 영향을 주는 경우가 있기 때문이다.

■ 감가상각의 계산으로 활용되는 2가지 방법

정액법

$$\text{감가상각비} = \frac{\text{취득액} \times 0.9}{\text{내용연수}}$$

내용연수 동안 '일정액'으로 감가상각 하는 방법

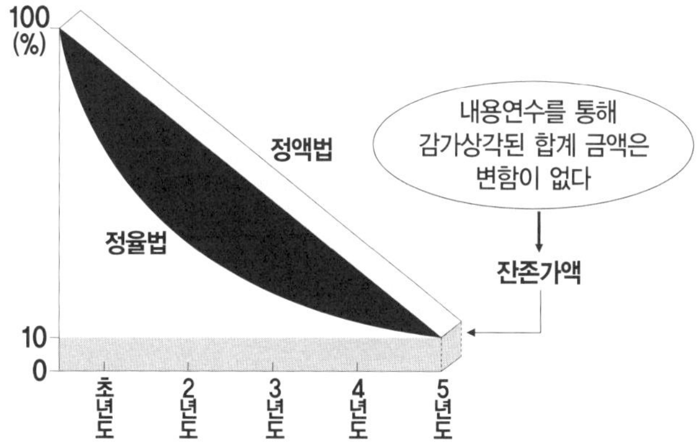

정율법

감가상각비 = 장부가액 × 상각율

(상각율은 내용연수에 따라 정해진다)

내용연수 동안 '정율'로 감가상각 하는 방법

제3장

이익을 보면 회사 전체를 파악할 수 있다

이익은 매출액에서 비용을 뺀 것으로, 회사의 최종 목적이다.
따라서 복잡한 요소들이 서로 얽혀 이익을 만들어 내므로,
그 의미와 역할이 크다.

1 회사의 최종 목적은 이익을 얻는 것

'이익 = 매출액 − 비용' 이라는 단순한 식으로 나타낸다

●회사의 책무를 다하기 위해 중요한 돈

이익은 '이익＝매출액−비용'이라는 단순한 식으로 나타낼 수 있다. 자금을 들여 기업 활동을 한 성과인 매출액과 여기에 들어간 돈인 비용의 크기에 따라 정해지는 것이 이익이다.

이익을 중시하는 것은 회사의 최종 목적이 계속해서 이익을 얻는 것이기 때문이며, 다음과 같은 회사의 책임을 생각하면 쉽게 알 수 있다.

① 고객이 만족할 만한 상품 제공

② 종업원의 고용과 적절한 대우

③ 배당 등으로 주주와 채권자에게 만족감 제공

④ 지역 사회에 공헌

이러한 책임을 다하기 위한 절대적인 조건이 적정한 이익을 지속적으로 올리는 것이다. 바꿔 말하면 이익을 얻는 것이야말로 회사가 책임을 다하기 위한 수단이다. 저성장이 되면 매출액보다 이익을 중시하는데, 이것은 이익이 없으면 회사의 사회적 책임을 다할 수 없기 때문이다. 따라서 이익은 성장과 발전을 위해서 꼭 필요하다. 결국 이익은 회사가 자유롭게 사용할 수 있는 돈이다.

그렇다고 손실이 있는데도 이를 숨기고 무리한 배당을 하는 행

회사의 책임

- 고객이 만족할 만한 상품 제공

- 종업원의 고용과 적절한 대우

- 주주·채권자에게 만족감 제공

- 지역 사회에 공헌

↑

적정한 이익을 지속적으로 올려야
책임를 다할 수 있다

위는 사회적인 책임이라 할 수 없다. 적정한 이익을 지속적으로 올리는 데 회사의 책임이 있다는 것을 구태여 강조하는 것은 그때 문이다.

●경비를 줄여 매출을 늘리는 모순

적정한 이익을 지속적으로 올리는 방법은 어렵지 않다. '이익＝매출액－비용'의 식에서 볼 수 있듯이, 이익을 늘리려면 매출을 늘리고 비용을 줄이는 것이 가장 일반적인 방법이다.

실제로 매출을 늘리려면 판매 상품의 수량과 금액을 늘리고 꼭 필요한 비용을 써야 한다. 그러나 무턱대고 '매출을 늘려라, 경비(비용)는 쓰지 마라'고 해서 효과가 있는 것은 아니다. 매출, 비용, 이익의 관계를 이해한 뒤에 이들을 종합적으로 구성하여 이익의 증가를 꾀해야 한다.

그런데 최근 매출액이 명목상의 성장을 보여 주는 데 비해, 이익은 실질 성장을 나타내기 때문에, 이익은 매출액과 더불어 성장성을 알 수 있는 지표로 중요하다. 회사의 이익은 내용상의 충실성 여부를 알 수 있는 성장성을 나타내기 때문이다.

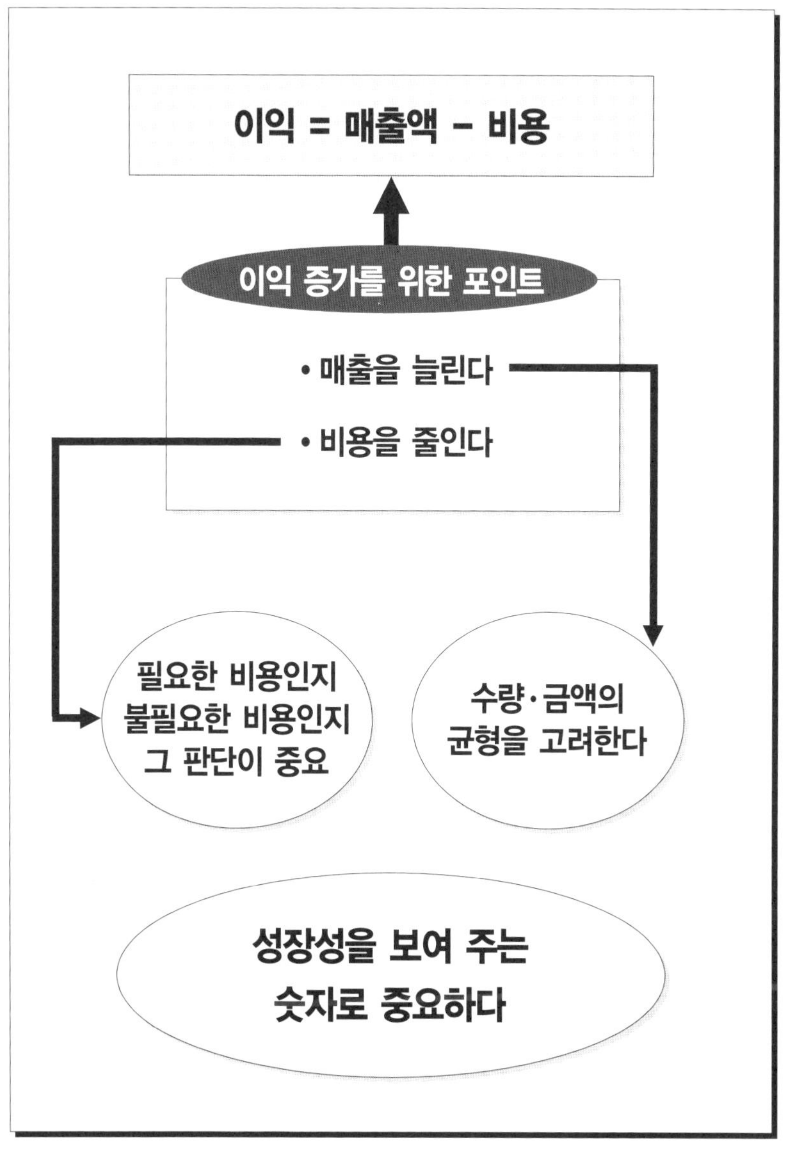
이익 = 매출액 − 비용
이익 증가를 위한 포인트
• 매출을 늘린다
• 비용을 줄인다
필요한 비용인지
불필요한 비용인지
그 판단이 중요
수량·금액의
균형을 고려한다
성장성을 보여 주는
숫자로 중요하다

2 회사에는 많은 이익이 있다

손익 계산서에 등장하는 5가지 이익

●각 단계의 이익 비교로 수익률을 판단할 수 있다

이익은 매출액에서 비용을 뺀 것인데, 손익 계산서에서는 다음과 같은 5가지 이익이 있다.

① 매출 총이익

② 영업 이익

③ 경상 이익

④ 세전 당기 이익

⑤ 당기 순이익

'매출 총이익'은 매출액에서 매출 원가를 뺀 대강의 이익이다. 제품의 제조, 상품의 매입 같은 활동으로 산출된 가장 기본적인 이익이고, 판매상의 직접 이익이어서 상품의 수익률을 파악할 수 있다. 매출 효율의 채산성을 중시한 경영상의 노력의 차이가 분명하게 나타나는 것도 매출 총이익이기 때문에, 그 이익률의 차이가 추후의 다른 이익에도 크게 영향을 준다.

'영업 이익'은 매출 총이익에서 판매비와 일반 관리비를 뺀 이익으로, 회사 본래의 영업 행위로 벌어들인 금액이다. 이러한 이익은 영업 활동을 통해 실현된 성과이고, 조직의 재평가 같은 노력의 결과로 나타나는 이익이기도 하다. 영업 이익을 늘리려면 매출액을 늘려 매출 총이익을 높이는 반면, 경비는 줄이는 것이 중요하다.

●이익은 목적에 따라 그 중요성이 달라진다

‘경상 이익’은 영업 이익에 영업외 이익을 더하고, 영업외 비용을 뺀 이익이다. 이는 경영 성적을 단적으로 나타내기 때문에 회사의 실적을 알 수 있다. 영업외 이익에는 영업 활동 이외에 얻은 수취 이자, 배당금 등이 있고, 영업외 비용에는 지불 이자, 환차손 등이 있다. 예를 들어 차입금이 많은 회사는 금리 부담이 커서 이익을 잠식하기 때문에 경상 이익이 크게 감소한다.

‘세전 당기 이익’은 경상 이익에 특별 이익을 더한 것에서 특별 손실을 뺀 것이다. 특별 이익은 토지나 건물을 매각하여 얻은 고정 자산 매각 이익을 말하고, 특별 손실은 자산 처분 손실이나 기업 구조 조정 손실 등을 말한다. 특별 손실은 보통 금액이 크지 않지만, 액수가 점차 커지면 점검할 필요가 있다.

‘당기 순이익’은 세전 당기 이익에서 법인세, 주민세, 사업세를 뺀 것으로 회사의 순이익에 해당하며, 설비 투자 등에 자유롭게 사용할 수 있는 자금이다.

이와 같이 과정에 따라 이익도 달라지기 때문에, 각 단계의 이익을 비교하면 수익률을 판단할 수 있다.

■ 수익률을 판단하는 5가지 이익

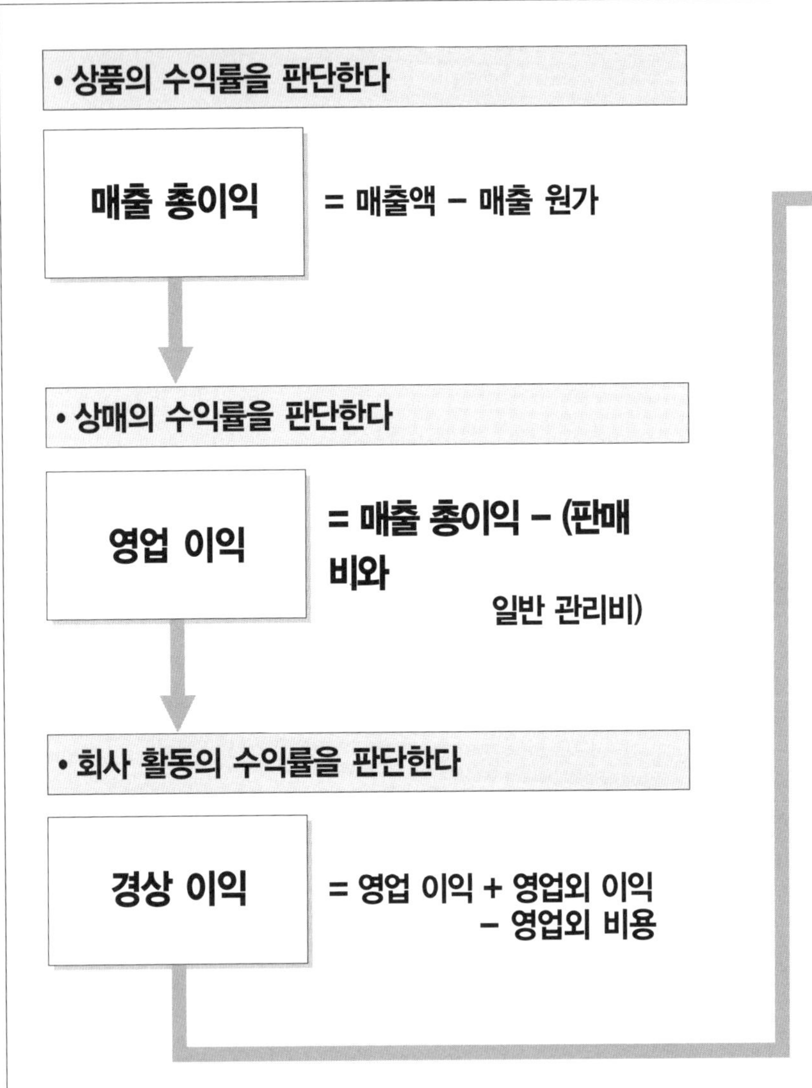
• 상품의 수익률을 판단한다
매출 총이익
= 매출액 − 매출 원가
• 상매의 수익률을 판단한다
영업 이익
= 매출 총이익 − (판매비와
일반 관리비)
• 회사 활동의 수익률을 판단한다
경상 이익
= 영업 이익 + 영업외 이익
− 영업외 비용

• 기업의 수익률을 판단한다

세전 당기 이익 = 경상 이익 + 특별 이익
                        – 특별 손실

• 최종적인 수익률을 판단한다

당기 순이익 = 세전 당기 이익 – 법인세
                    – 주민세 – 사업세

각 단계의 이익을 비교하면
수익률을 판단할 수 있다

3 이익 못지않게 중시하는 지표가 있다

'人'과 '숲'을 활용하여 회사가 만들어 내는 새로운 가치

● 회사의 가치를 나타내는 새로운 기준

경영 효율성의 지표로 생산성을 재는 기준인 부가 가치가 최근 주목받고 있다. 부가 가치란 상품에 새로운 가치를 부여하는 것으로, '회사가 만들어 내는 새로운 가치'라고 할 수 있다.

예를 들어 제조업의 일종인 화학 업체는 원자재인 원유를 구입하여 다양한 기술로 플라스틱 같은 최종 상품을 만들어 판매하는데, 이 과정에 들어간 모든 비용이 부가 가치다. 부가 가치 속에는 이익도 포함된다. 유통업의 경우는 100엔에 매입한 상품을 자사에서 손질을 가해 150엔에 판매했다면, 매입과 매출의 차액인 50엔이 부가 가치다. 서비스업은 원자재나 상품의 매입보다는 주로 사람의 활동으로 이익을 올리기 때문에, 각종 무형의 서비스가 부가 가치다.

부가 가치는 회사의 가치를 나타낸다고 할 수 있다. 부가 가치가 높은 회사는 고객을 만족시키는 동시에 주주 등 관계자에게 공헌하며, 성장, 발전하기 때문이다. 그러므로 인건비 등의 비용을 제한 뒤 이익까지 나오려면 부가 가치는 높을수록 좋다.

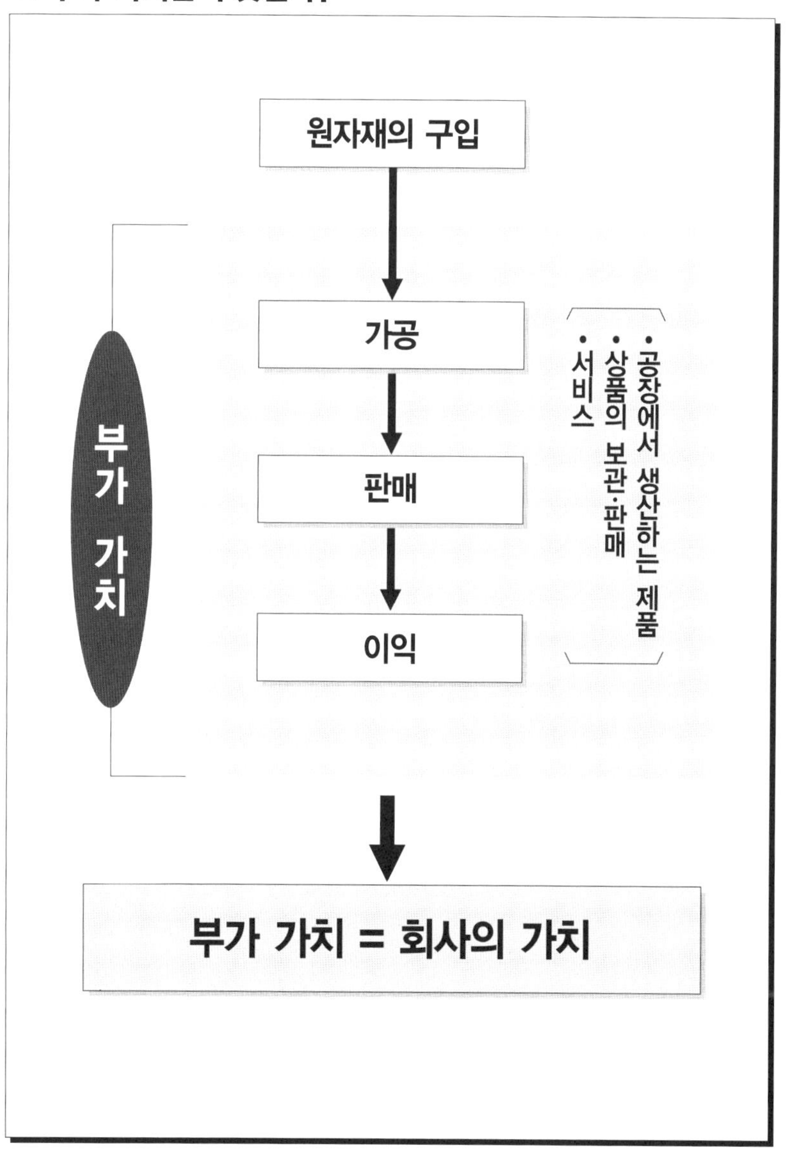

원자재의 구입
가공
판매
이익
부가 가치
· 공장에서 생산하는 제품
· 상품의 보관·판매
· 서비스
부가 가치 = 회사의 가치

● 계산 방법은 2가지다

부가 가치는 기본적으로 다음과 같은 식으로 구할 수 있다.

부가 가치 = 매출액 − 외부 급부 비용

여기서 문제가 되는 점이 '외부 창조 가치' 나 '외부 구입 원가'
로 불리는 외부 급부 비용으로, 업종 고유의 것도 있고 공통적인
것도 있어서 정확히 계산하기가 어렵다. 또한 결산을 공표하고 있
는 기업이라도 부가 가치는 개시(開示) 의무가 없기 때문에, 부가
가치를 대략적인 숫자로밖에 구할 수 없다. 그러므로 기본 공식을
토대로, 주로 다음과 같은 2가지 방식으로 부가 가치를 계산한다.

① 공제법(控除法)

외부에서 받아들인 금액(매출액)에서 외부로 지불한 금액(외부
급부 비용)을 공제해서 계산한다. 직접 재료비, 매입 부품비, 외주
가공비, 보조 재료비가 주로 외부 급부 비용인데, 외부 급부 비용
을 어디까지 포함시키느냐에 따라 금액이 달라진다.

② 가산법(加算法)

공제법과는 달리 인건비를 비롯한 금융 비용, 임차료, 감가상각
비, 영업 이익 등의 분배 요소를 세밀하게 합산하는 것이 특징이다.

부가 가치는 정확히 계산하는 것이 어렵기 때문에, 제조업은
한계 이익, 유통업은 매출 총이익으로 대충 파악해야 이해하기
가 쉽다.

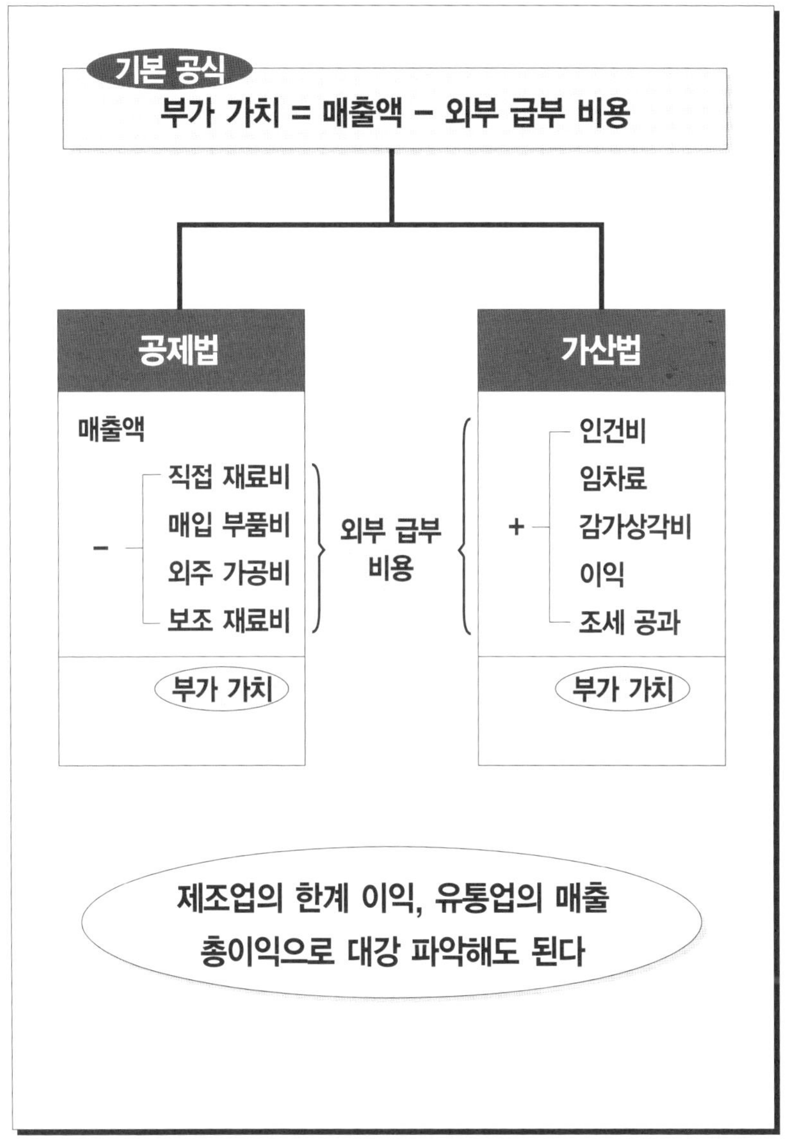
기본 공식
부가 가치 = 매출액 − 외부 급부 비용
공제법
가산법
매출액
직접 재료비
매입 부품비
외주 가공비
보조 재료비
외부 급부
비용
−
+
인건비
임차료
감가상각비
이익
조세 공과
부가 가치
부가 가치
제조업의 한계 이익, 유통업의 매출
총이익으로 대강 파악해도 된다

새로운 부가 가치인 EVA

캐시플로를 중심으로 하는 것이 특징이다

최근 부가 가치의 새로운 방식으로 경제 부가 가치(Economic Value Added:EVA)가 주목을 받고 있다. 미국 스탠스튜어트 사가 개발한 독자적인 기업 평가의 지표로, 투자 자본으로 인한 경제 활동의 성과를 알 수 있고, 장래의 발전 가능성도 예측할 수 있기 때문에 투자가들은 이 지표를 중시한다.

EVA는 경영 활동에 투자한 자본(주주 자본, 타인 자본)이 성과를 얼마만큼 올렸는가를 나타내므로, 자본 코스트를 초과하는 이익을 올리면 EVA는 플러스가 되어 기업이 경제적인 가치를 산출했다고 본다. 투자가는 EVA로 기업을 평가하여 발전성이 있으면 투자를 하고, 발전성이 없다면 투자하지 않는다. 기업의 경우, 자본 코스트와 영업 이익의 관계를 파악해 바람직한 자본 구성을 정하는 판단 재료로 활용할 수 있다.

이 지표는 총자본 이익률의 지표와 공통점이 많지만, 현금의 출입을 표시하는 캐시플로를 중심으로 한다는 다른 점 때문에 그 중요성을 인식하여 경영 지표로 받아들이려는 움직임도 있다.

투자가, 경영자가 주목하는 EVA란 무엇인가?

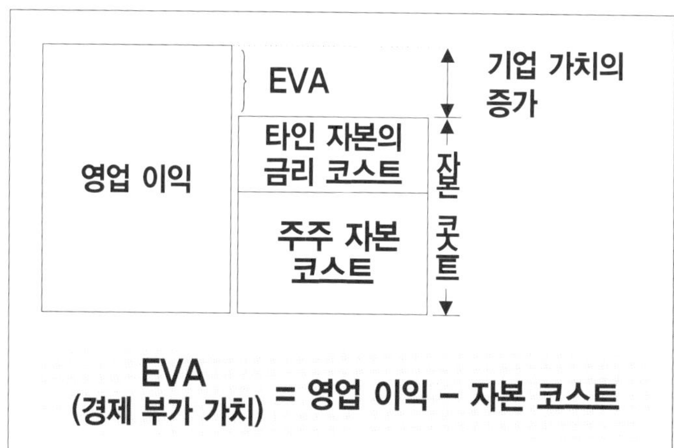

자본 코스트를 웃도는 이익을 올리면
EVA는 플러스가 된다

기업이 경제 가치를 산출한다

4 상품을 분류하는 방법

매출액 증가율과 매출 총이익률에 따라 4가지 상품군으로 분류한다

●취급하는 상품으로 회사의 성격을 알 수 있다

회사가 취급하는 상품이나 제품을 보면, 그 회사의 업종이나 형태를 어느 정도 알 수 있다. 그러나 업종을 막론하고 모든 회사의 공통된 점은, 회사는 1가지 상품만 취급하는 것이 아니라 많은 상품을 취급한다는 것이다.

그런데 그 취급 상품들 모두가 매출과 이익을 올린다고는 볼 수 없다. 따라서 회사 입장에서는 치밀한 영업 전략이 필요하지만, 전략은 고사하고 앞으로 취급 상품을 늘려야 할지, 아니면 중단해야 할지 매번 선택해야 하는 것이 대부분의 회사가 안고 있는 문제점이다.

자사 제품이 모두 잘 팔릴 수 있는지를 파악해서 앞으로의 판매 전략에 활용하는 것이 포트폴리오 분석이다. 포트폴리오란 '편성'을 의미하며, 프로덕트 포트폴리오 매니지먼트(product portfolio management)의 첫 글자를 따서 'PPM'이라고도 한다. 원래 포트폴리오는 증권 업계에서 고객이 유가 증권을 어떻게 분산하여 가지고 있으면 좋은지를 판단하기 위해 생각해 낸 이론이다.

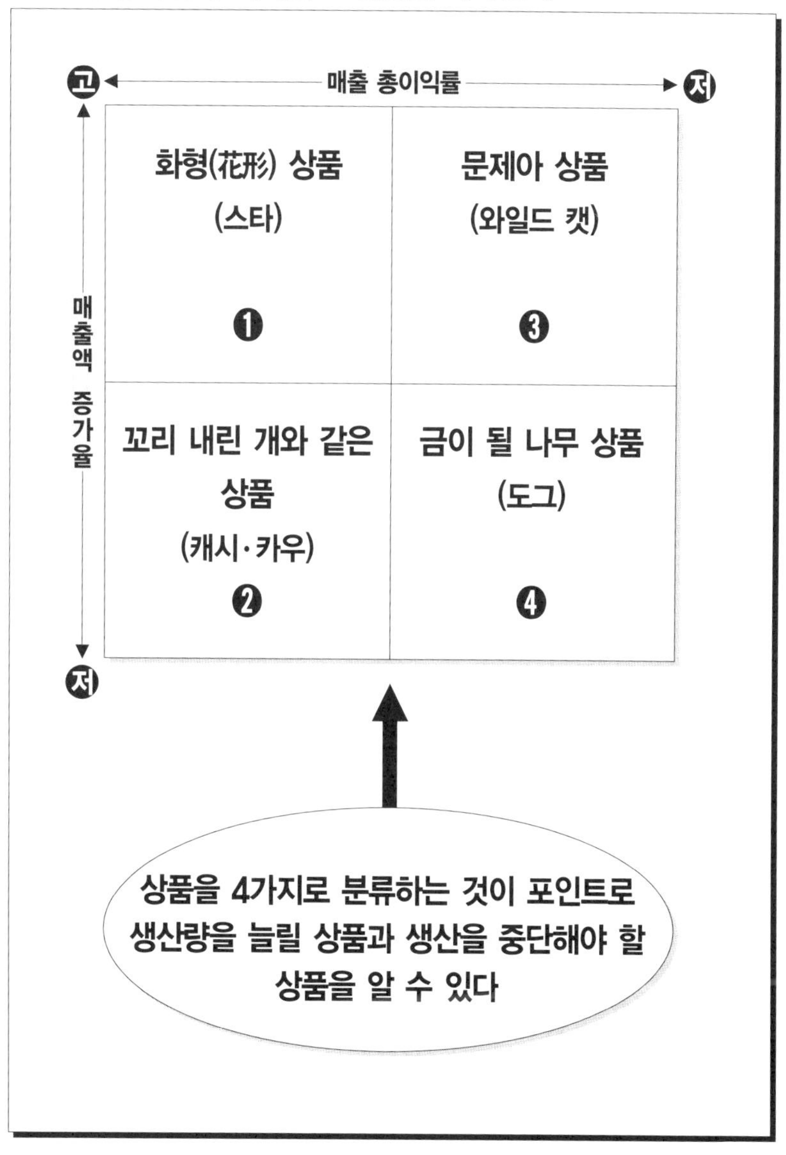
고 ← 매출 총이익률 → 저
매출액 증가율
화형(花形) 상품
(스타)
❶
문제아 상품
(와일드 캣)
❸
꼬리 내린 개와 같은 상품
(캐시·카우)
❷
금이 될 나무 상품
(도그)
❹
고
저
상품을 4가지로 분류하는 것이 포인트로 생산량을 늘릴 상품과 생산을 중단해야 할 상품을 알 수 있다

●회사의 상품 구성 계획에 빼놓을 수 없다

포트폴리오는 그 이론이 업종과 상관없이 응용 가능하고 방법도 어렵지 않아 광범위하게 활용하고 있다. 예를 들어 상품의 균형을 보려면 매출액 증가율과 매출 총이익률로 판단할 수 있다.

앞쪽의 도표에서 볼 수 있듯이 이 2가지 지표로 어떤 위치에 있는지 그래프로 파악할 수 있는데, 매출액 증가율과 매출 총이익률의 크기에 따라 다음의 4가지로 분류한다.

① **화형 상품(스타)** ─주력 제품으로 자리 잡은 상품은 매출의 호조로 수익성이 높고, 고성장·고시장 점유율로 현재 가장 잘 팔리는 상품

② **금이 될 나무 상품(캐시, 카우)** ─매출 성장은 크지 않지만 안정된 이익을 올리고 있어, 매출액 신장과 판매 촉진으로 스타로 변신할 요소가 있는 상품

③ **문제아 상품(와일드 캣)** ─매출 성장은 크지만, 수익성이 낮고 경쟁력도 떨어져 이익률 증가 대책이 필요한 상품

④ **꼬리 내린 개와 같은 상품(도그)** ─말 그대로 꼬리 내린 개처럼 라이프 사이클의 쇠퇴기에 접어들어 생산 중단이 요구되는 상품

이와 같이 4가지로 분류한 제품을 회사가 적절하게 가지고 있으면 지속적으로 성장할 수 있다. 그것을 판단하기 위한 수단으로 포트폴리오가 사용되며, 회사의 상품 구성 계획에도 활용한다.

구분	매출액 성장률	매출 총 이익률	명칭	특징
①	大	大	화형 상품	경쟁력이 강한 현재의 주력 상품
②	小	大	금이 될 나무	매출액 증가와 판매 촉진으로 화형 상품이 될 수 있음
③	大	小	문제아	매출 총이익의 증가 대책이 필요
④	小	小	꼬리 내린 개	라이프 사이클의 쇠퇴기에 있으면 폐기

5 매가를 결정하는 기준은 정해져 있다

매입한 상품에 이익을 얹어 매가를 정하는 것이 마크업이다

●비용과 이익의 균형으로 판단한다

매출액은 가격과 수량이라는 2가지 요소로 구성되어 있는데, 매출은 물론이고 이익에도 영향을 미치는 가격은 더 이상 생산자 주도로 정해지지 않는다. 그 이유는 최종 소비자의 영향력이 강해지고 있기 때문이다.

가격 결정은 기본적으로 생산자나 판매자가 수요 동향과 제조, 판매 비용을 가미한 뒤에 정한다. 가격을 정하는 작업은 '원가(비용)＋이익＝매가' 라는 '코스트 플러스법' 을 기본으로 하는데, 일반적으로는 **마크업**이라고 한다.

마크업이란 매입한 상품에 얼마간의 이익(마진)을 얹어 매가를 정하는 것이다. 와이셔츠를 800엔에 매입하면 이 800엔이 매입 원가이고, 여기에 200엔의 이익을 얹은 1,000엔이 매가가 된다. 이때 매입 원가 800엔과 매가 1,000엔의 차액인 200엔이 마크업이다.

흔히 마크업을 매출 총이익과 혼동하는 경향이 많다. 매입한 시점의 원가와 매가의 차액, 즉 예상 이익이 마크업인데 비해, 실제 매출액에서 원가를 뺀 것이 매출 총이익이다. 마크업이 예상 이익인 것은, 실제 판매에서는 가격 할인으로 예상한 만큼 이익을 올리지 못하기 때문이다. 즉 **마크업＝매출 총이익**의 관계는 성립하

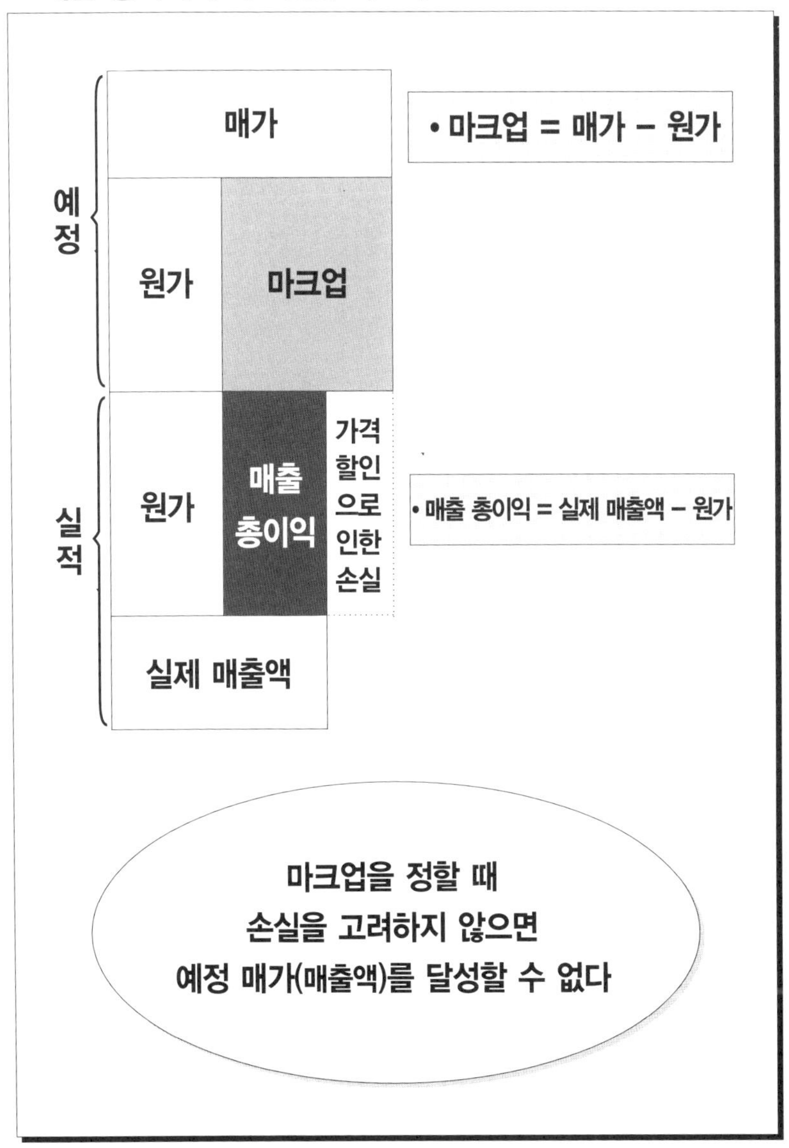
예정
매가
원가
마크업
• 마크업 = 매가 − 원가
실적
원가
매출
총이익
가격
할인
으로
인한
손실
실제 매출액
• 매출 총이익 = 실제 매출액 − 원가
마크업을 정할 때
손실을 고려하지 않으면
예정 매가(매출액)를 달성할 수 없다

지 않으므로, 마크업을 결정할 때 가격 할인에 따른 감소분도 고려해야 한다.

●마크업률은 매가와 원가 2가지를 기준으로 한다

매입한 상품에 얼마간의 이익을 얹어 매가를 정하는 것이 마크업이며, 매가에 대한 마크업의 비율을 **마크업률**이라고 한다. 마크업률은 매가에 얼마만큼의 예상 이익률이 들어 있는가를 나타내는 비율로, 구하는 방법은 2가지다.

① 매가를 기준으로 하는 방법

② 원가를 기준으로 하는 방법

앞의 와이셔츠 사례로 마크업률을 계산하면, 매가를 기준으로 하는 방법은 20%, 원가를 기준으로 하는 방법은 25%가 된다. 이와 같이 마크업은 같아도 원가를 기준으로 하는 것이 매가를 기준으로 하는 것보다 그 비율이 높듯이 마크업률이 달라진다. 즉 원가를 기준으로 하여 마크업을 정할 경우에는 조금 높게 책정하지 않으면 목표 이익을 달성할 수 없다는 이야기다.

결론적으로, 마크업률을 구할 때 위의 2가지 방법을 활용하고 있지만, 원가를 기준으로 하는 방법보다는 판매 관리가 용이하다는 점에서 매가를 기준으로 하는 방법을 주로 사용한다.

① 매가를 기준으로 해서 마크업률을 구하는 식

$$\text{마크업률(\%)} = \frac{\text{마크업}}{\text{매가}} \times 100$$

(예) $\dfrac{800엔}{1,000엔} \times 100 = $ 20%

5포인트나
차이가 있다

② 원가를 기준으로 해서 마크업률을 구하는 식

$$\text{마크업률(\%)} = \frac{\text{마크업}}{\text{원가}} \times 100$$

(예) $\dfrac{200엔}{800엔} \times 100 = $ 25%

어떤 방법으로 할 것인지
정할 필요가 있다

● **마크업률을 이용해서 매가를 구할 수도 있다**

매가에 대한 마크업 비율인 마크업률은 매가에 얼마만큼의 예상 이익률이 들어 있는지를 나타내고 있지만, 반대로 마크업률에서 매가를 구하는 경우도 흔히 있다. 그 방법으로는 다음과 같이 2가지가 있다.

① 매가를 기준으로 구한 마크업률에 의한 방법
② 원가를 기준으로 구한 마크업률에 의한 방법

이것도 와이셔츠를 예로 계산해 보면, 매가를 기준으로 한 마크업률은 20%, 원가를 기준으로 한 마크업률은 25%이므로 각각의 매가는 1,000엔이 된다. 모두 매입 원가가 800엔이고, 매가를 기준으로 한 마크업률 20%(원가를 기준으로 한 마크업률 25%)로 마크업을 할 경우의 매가는 1,000엔이라는 계산이 나온다.

또한 매가는 원가율로도 구할 수 있다. 원가율은 매가에 대한 원가의 비율로 매가에 70%를 곱한 상품이다. 이는 매가의 70% 수준이 원가라는 것을 의미한다. 이를 토대로 매가를 계산하면 매가를 기준으로 한 마크업률, 원가를 기준으로 한 마크업률 모두 똑같이 1,000엔이 된다. 매출액과 이익을 결정하는 요소인 매가도 비용인 원가에 의해 크게 좌우된다는 것을 알 수 있다.

■ 마크업률을 이용해서 매가를 구할 수도 있다

❶ 매가를 기준으로 구한 마크업률에 의한 방법

$$매가 = \frac{원가}{1 - 매가\ 기준\ 마크업률}$$

(예) $\dfrac{800엔}{1 - 0.2}$ = 1,000엔

❷ 원가를 기준으로 구한 마크업률에 의한 방법

$$매가 = 원가 \times (1 + 원가\ 기준\ 마크업률)$$

(예) 800엔 × (1 + 0.25) = 1,000엔

원가율로도 매가를 구할 수 있다

$$매가 = \frac{원가}{원가율} \quad \left(매가 = \frac{원가}{원가율} \times 100 \right)$$

(예) $\dfrac{800엔}{0.8}$ = 1,000엔

매출과 이익을 좌우하는 상습관이 있다

대표적인 것이 가격 인하, 할인, 리베이트다

상품 격차가 없는 한 계약을 성사시키기 위해 가장 일상적으로 이루어지고 있는 상행위는 판매 가격을 내리는 일, 즉 가격 인하다. 하지만 가격 인하로 계약을 성사시킨다는 이점은 있으나 매출이 감소하므로 이를 수량으로 메우는 노력이 필요하고, 매출이 같아도 이익이 감소하는 단점이 더 크다.

판매자의 가격 전략에 따라 다양한 가격이 존재하지만, 그 가운데 현실성이 없는 것이 공시 가격인 매매 기준 가격이다.

또한 설정된 가격을 각각의 상황에 따라 탄력적으로 운용하는 가격 차별 정책을 취하는데, 그 대표적인 것이 할인과 리베이트다.

할인은 어음으로 지불하면 20만 엔이지만 현금으로 지불하면 5%를 깎아 19만 엔으로 해준다는 식인데, 거래 조건에 따라 판매 가격에서 일정한 금액을 할인해 주는 데 목적이 있다.

리베이트는 일정 기간의 매출액에서 제조 회사가 거래 업자에게 일부를 되돌려 주는 금액으로, 실질적으로는 가격 할인만큼 매출과 이익이 감소한다.

매출과 이익을 좌우하는 할인과 리베이트

	종류	특징
할인	**현금 할인**	현금으로 지불하는 구입자에게 얼마간의 할인을 해준다
	수량 할인	대량으로 구입하는 거래처에 해주는 할인
	계절 할인	수요의 계절 변동이 있는 상품에 대해서 시즌이 끝날 때 구입하는 구입자에게 해주는 할인
	기능 할인	제조 회사가 소매업자에게 당연히 해주는 할인으로, 이것을 할인의 형태로 해준다
리베이트	**현금 리베이트**	현금 결제 기간에 대해 등급을 매겨 짧을수록 고율의 리베이트가 된다
	수량 리베이트	대량 거래를 촉진할 목적으로 거래량 순위마다 리베이트율이 있다
	조기 거래 리베이트	계절 상품의 거래 시기가 수요기보다 빠를수록 고리베이트가 된다
	확장 판매 리베이트	특정 업자에게 판촉을 위해서 제공되는 리베이트

가격 차별 정책의 중심이 되고 있다

6 상품을 조화시켜 이익을 올린다

매출 총이익률과 매출 구성비로 점검

●공헌하고 있는 상품과 부문을 알 수 있다

회사의 규모가 커질수록 취급하는 상품과 부문도 많아진다. 바꿔 말하면 팔리는 상품, 팔리지 않는 상품, 이익을 올리고 있는 상품, 이익을 못 올리는 상품 등 다양한 상품으로 구성되어 있다.

이 상품들을 잘 조화시켜 전체 이익을 올리기 위한 판매 전략상의 기술이 '상품 믹스'라는 수법이다. 이 수법은 각 상품들의 매출 구성비와 매출 총이익률을 조합하여 전체 매출 총이익률을 증가시키는 데 그 목적이 있다.

이때 사용되는 지표가 **상승적**(相乘積＝둘 이상의 수를 서로 곱하여 얻는 값)인데, 이 용어보다도 구하는 데 필요한 매출 총이익률과 매출 구성비를 파악하는 것이 중요하고 알기 쉽다. 실제로 매출 총이익률이 높아도 수량이 적어 구성비가 낮으면 전체 매출 총이익률은 증가하지 않는다.

즉 매출과 이익의 양 측면에서 본 전체 평가로, 이익에 대한 공헌도를 판단하는 지표가 상승적이고 이 숫자가 큰 상품이나 부문이 회사에 공헌하고 있다.

■ 이익에 공헌하는 상품과 부문을 알 수 있다

상승적(%) = 매출 구성비 × 매출 총이익률

매출 구성비와 매출 총이익률, 이 2가지 숫자를 조합하여 전체 이익을 늘리는 데 그 목적이 있다

3가지 활용법

① 각 상품의 매출 총이익률은 그대로 두고, 매출 구성비를 바꾼다
② 각 상품의 매출 구성비는 그대로 두고, 매출 총이익률을 바꾼다
③ 각 상품의 매출 구성비와 매출 총이익률을 모두 바꾼다

●**판매 활동의 목표를 세우는 데 활용할 수 있다**

상품 믹스에는 주로 다음과 같은 3가지 활용법이 있으므로, 각 상황에 맞는 사용법을 알면 도움이 된다.

① 각 상품의 매출 총이익률은 그대로 두고 매출 구성비만을 바꾼다. 매출 총이익률이 높은 상품의 비중을 늘려 부문 전체의 매출 총이익률을 높이려는 경우에 활용할 수 있다.

② 각 상품의 매출 구성비는 그대로 두고 매출 총이익률만을 바꾼다. 매출 총이익률을 가장 간단하게 높이려는 경우에 활용할 수 있다. 다만 매출 총이익률을 높여도 매가는 올라가지 않기 때문에 원가를 내려 매출 총이익률을 높이거나, 이익률이 떨어진 상품을 새로운 형태로 만들어 판매하는 수단을 강구할 필요가 있다.

③ 각 상품의 매출 구성비와 매출 총이익률 모두를 바꾼다. ①과 ②의 방법을 받아들인 방법으로 개개의 상품마다 매출 총이익률의 증가를 꾀하면서, 매출 총이익률이 높은 상품의 매출 구성비를 늘리는 경우에 활용할 수 있다.

①의 활용법을 예로 들면, 매출 총이익률이 낮은 C상품의 매출 구성비를 25%에서 15%로 줄이고, 매출 총이익률이 높은 D상품의 매출 구성비를 15%에서 25%로 늘리게 되면 전체 매출 총이익률이 22%에서 24%로 향상된다.

또한 상품 믹스의 활용법으로 중요한 것은 판매 활동의 목표를 계획하는 데 활용할 수 있다는 점이다. 즉 처음에 목표한 전체 매출 총이익률을 달성하려면 각 부문의 매출 구성비와 매출 총이익률이 얼마여야 하는지 사전에 검토할 수 있다는 것이다.

■ 매출 구성비를 바꾸기만 해도 이익이 증가한다

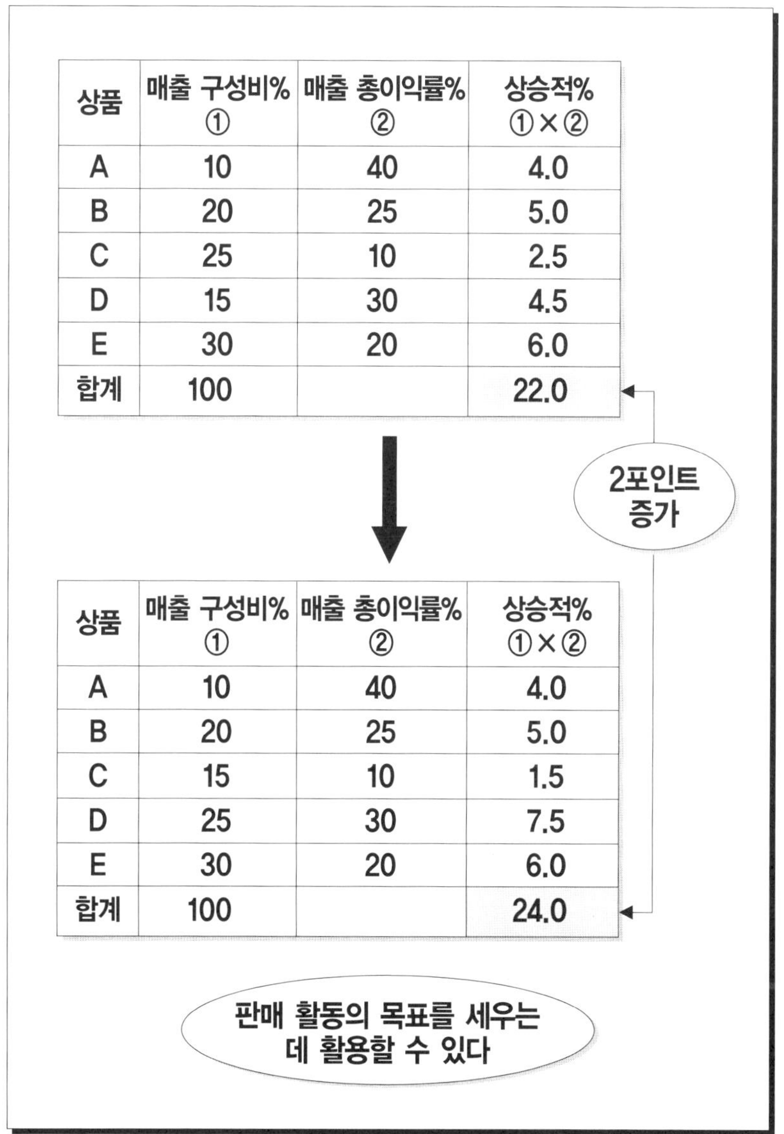

상품	매출 구성비% ①	매출 총이익률% ②	상승적% ①×②
A	10	40	4.0
B	20	25	5.0
C	25	10	2.5
D	15	30	4.5
E	30	20	6.0
합계	100		22.0

상품	매출 구성비% ①	매출 총이익률% ②	상승적% ①×②
A	10	40	4.0
B	20	25	5.0
C	15	10	1.5
D	25	30	7.5
E	30	20	6.0
합계	100		24.0

7 잘 팔릴지의 여부를 판단할 수 있다

'회전율은 높게, 회전 기간은 짧게' 가 판단 기준

● 매출에 대한 공헌 여부를 판단할 수 있다

창고나 선반에 보관하고 있는 제품과 상품의 비축분이 재고인데, 장기간 팔리지 않고 남아 있으면 자금이 자고 있는 것이므로 매출과 이익에 아무런 공헌을 하지 못한다. 오히려 재고를 관리하기 위해 각종 자금이 지출될 뿐이다. 따라서 '재고는 매출에 어느 정도 공헌하는가, 재고가 적정 수준인가' 하는 문제점이 야기된다.

이를 판단하는 기준으로 흔히 활용하는 것이 **재고 회전율**이라는 지표다. 출고 금액을 재고 금액으로 나누어 구하며, 단위는 '회(回)'이다, 예를 들어 출고 금액이 1억 엔이고 재고 금액이 2,000만 엔이라면 재고 회전율은 5회가 된다. 재고 회전율은 보통 1년을 기준으로 계산하지만, 소매업에서는 월 단위, 주 단위로 계산하는 곳도 많으므로 업종에 따라 활용 기준이 다르다.

재고 회전율은 높을수록 좋다. 재고가 창고에 있는 기간이 짧다는 것은, 재고가 적고 효율성이 좋다는 것이다. 즉 재고가 회전하는 기간이 짧을수록 자금으로 되는 속도가 빨라지고, 그만큼 매출에도 공헌한다. 또한 재고 회전율과 유사한 지표로 **재고 회전 기간**이 있다.

재고가 일정 기간 동안 몇 회전하는가를 표시한 것이 회전율인

상품의 효율성을 알 수 있다

- 재고 회전율(回) = $\dfrac{\text{출고 금액}}{\text{재고 금액}}$

재고 금액은 연간(월간)의 평균 재고 금액

**상품별로 구하면
문제 상품을 알 수 있다**

보유하고 있어야 할 재고의 기준을 알 수 있다

- 재고 회전 기간(년) = $\dfrac{\text{재고 금액}}{\text{출고 금액}}$

- 재고 회전 기간(월) = $\dfrac{12}{\text{재고 회전율}}$

- 재고 회전 기간(일) = $\dfrac{365}{\text{재고 회전율}}$

데 비해, 회전 기간은 재고가 1회전하는 데 며칠이 걸리는지, 즉 재고를 어느 정도 보유하면 되는가를 나타내는 것이다. 재고 회전 기간은 연도뿐만 아니라 월, 일단위로도 계산하는데, 그 기간이 짧을수록 빨리 팔리고 효율성도 좋다. 재고 회전율과 재고 회전 기간은 결과뿐만 아니라 결과를 도출한 원인을 파악하는 데도 도움이 된다.

●상품에 투자한 자본의 효율성을 알 수 있다

재고 회전율과 유사한 지표로 **상품 회전율**이 있다. 재고라 해도 원자재, 제품, 가공 중인 제품의 재료가 있는데, 상품이 잘 팔릴지의 여부를 판단하기 위해서는 재고 회전율의 일종인 상품 회전율을 활용한다. 이때 매출액을 평균 재고액으로 나누어 구하는데, 이것은 상품이 얼마만큼의 재고 속도로 회전하는지를 나타내는 지표다. 달리 말하면 매출액을 달성하는 데 보유하고 있는 상품 재고가 몇 회나 교체되었는지를 나타내기 때문에, 상품에 투입된 자본의 효율성을 파악할 수 있다.

그러나 상품 회전율로 자본 효율성을 파악할 경우, 목적에 따라서 기준을 매가로 하느냐, 원가로 하느냐로 숫자가 달라지기 때문에 주의해야 한다.

상품 회전 기간도 재고 회전 기간처럼 흔히 활용하는 지표로, 보유 중인 상품이 며칠씩이나 팔리지 않는지 판매에 필요한 기간을 보는 것으로, 그 기간이 짧을수록 회전이 빠르고 상품도 잘 팔린다는 것을 의미한다.

■ 상품 회전율로 투입된 자본의 효율성을 알 수 있다

- 상품 회전율(回) = $\dfrac{\text{연간 매출액}}{\text{상품 재고액}}$

※ 분모, 분자의 숫자를 원가를 기준으로 하는가, 매가
를 기준으로 하는가에 따라 숫자가 달라진다

회전율이 높고, 회전 기간이 짧을수록
잘 팔린다는 것을 나타낸다

- 상품 회전 기간(年) = $\dfrac{\text{상품 재고액}}{\text{연간 매출액}}$

※ 재고 회전 기간과 마찬가지로 1개월이나 1일로도
계산할 수 있다

재고를 점검하는 재고 조사의 목적과 방법

정확성을 기하기 위한 장부 재고 조사와 실지 재고 조사

재고란 자금이 형태를 바꾼 것으로, 재고가 팔리면 매출액이 되고 이익이 발생한다. 즉 매입한 상품과 판매한 상품의 차이, 상품의 입고와 출고의 차이가 재고다.

재고를 점검하는 일이 재고 조사인데, 다음과 같은 2가지 방법으로 실시한다.

① 장부 재고 조사

② 실지 재고 조사

장부 재고 조사는 입고할 때마다 개수, 단가, 금액의 동향을 기장해서 월말이나 연말에 재고액을 계산하는 방법이다. 이 방법은 입출고할 때마다 그 출입을 기장하는 것이므로 현재의 잔고를 바로 알 수 있다는 점에선 뛰어나지만, 어디까지나 서류상의 처리라는 단점이 있다.

이에 비해 실지 재고 조사는 실제로 재고를 확인하고 수량을 세는 방법으로, 품은 들어도 작업이 정확하여 확실성이 높다.

재고 조사는 장부 조사건 실지 조사건 상관없이 그 결과가 일치해야 하는데, 실제로는 일치하지 않는 경우가 많기 때문에 재고 조사는 그 2가지를 병행하여 실시한다.

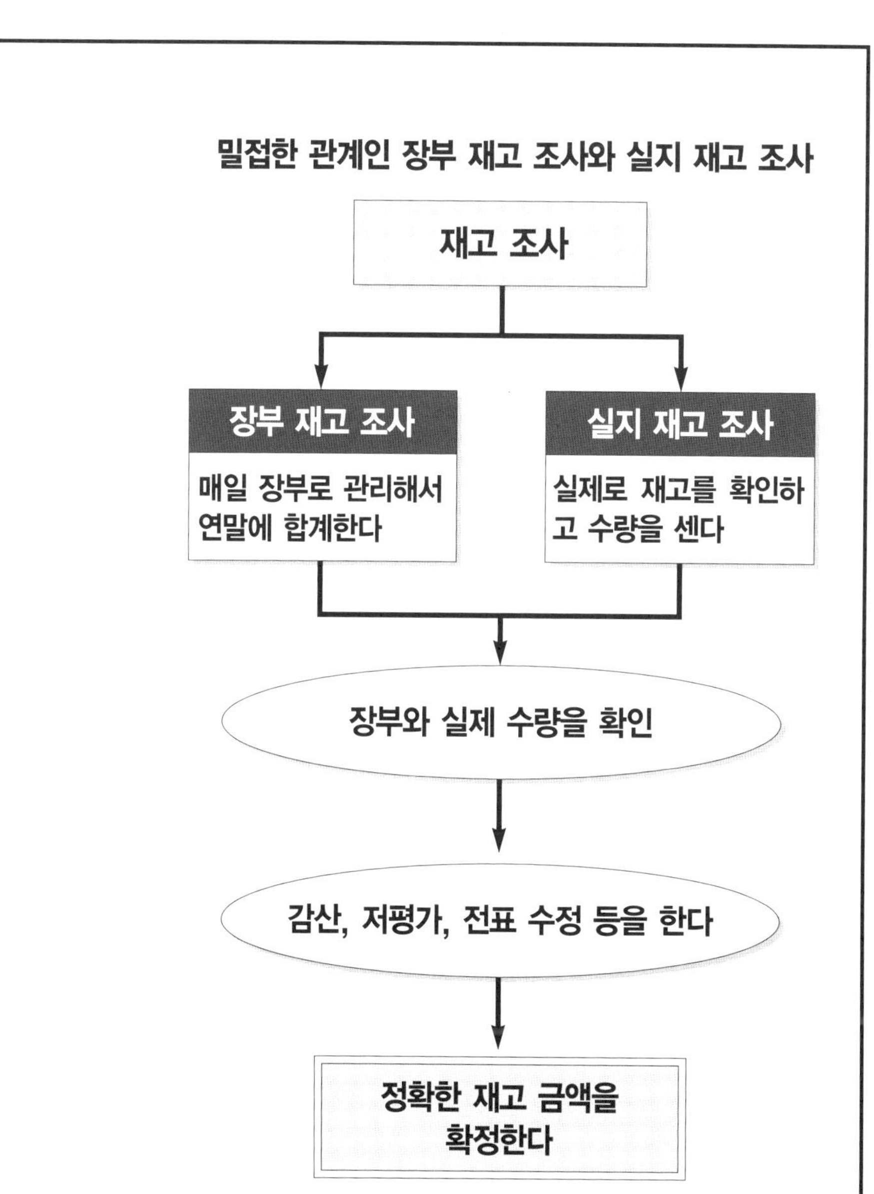

밀접한 관계인 장부 재고 조사와 실지 재고 조사
재고 조사
장부 재고 조사
매일 장부로 관리해서 연말에 합계한다
실지 재고 조사
실제로 재고를 확인하고 수량을 센다
장부와 실제 수량을 확인
감산, 저평가, 전표 수정 등을 한다
정확한 재고 금액을 확정한다

8 이익을 감소시키는 요인이 있다

기업의 모든 활동에서 발생하는 다양한 손실

●유통 기간이 끝난 상품의 폐기 처분

기업의 모든 활동에서 발생하는 각종 손실은 매출과 이익을 압박하는 중요한 요인이다. 여기서 모든 활동이란 공장, 창고, 매장 등의 장소는 물론이고, 매입과 검수(檢收), 상품 관리, 재고 조사 같은 작업 공정도 포함한다.

모든 장소와 원인으로 야기되는 손실은 많다. 예컨대, 매출액, 매가, 마크업, 매출 총이익의 관계를 설명했듯이, 매장에서 가격 인하로 인한 손실이 발생하지 않는다면 매입할 때 예상했던 매출액과 이익을 실현시킬 수 있다.

재고 조사에서도 손실은 발생한다. 장부상의 재고와 실제로 재고 조사 했을 때의 차액은 재고 조사 손실로 재고 감소분이고, 이 또한 매출액과 이익에 마이너스 영향을 끼친다.

또한 식료품으로 대표되는 유통 기한이 끝난 상품을 처분했을 때 발생하는 '폐기 처분 손실'도 매입 원가가 모두 손실되어 매출도 이익도 발생하지 않는다.

●손실 관리에 도움되는 ABC 분석 방법

손실의 발생 원인이 파악되어도 개선책을 검토하고 실행하면 매

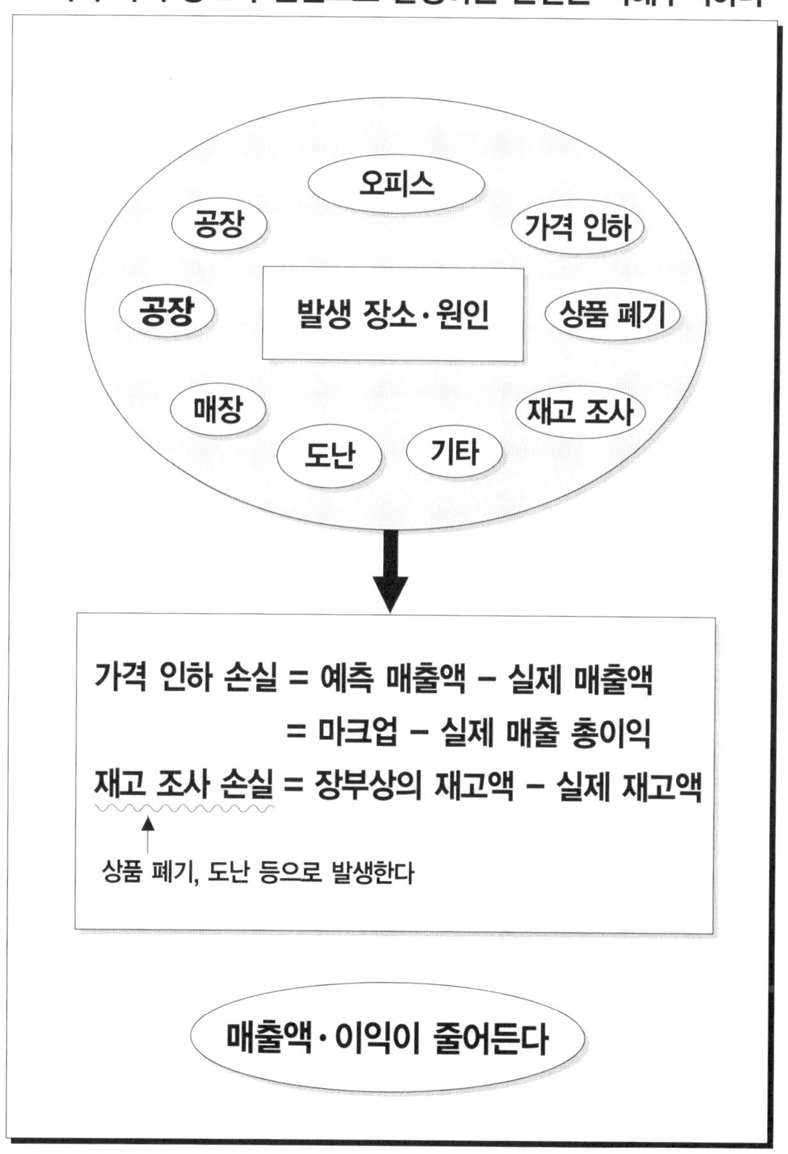
오피스
공장
가격 인하
공장
발생 장소·원인
상품 폐기
매장
재고 조사
도난
기타
가격 인하 손실 = 예측 매출액 − 실제 매출액
= 마크업 − 실제 매출 총이익
재고 조사 손실 = 장부상의 재고액 − 실제 재고액
상품 폐기, 도난 등으로 발생한다
매출액·이익이 줄어든다

출액과 이익은 향상한다. 궁극의 목표는 손실이 전혀 없도록 하는 것이지만, 이는 사실상 불가능하고 가능한 한 적게 하는 것이 현실적인 대처 방법이다. 그럴 때 기준이 되는 것이 매출액에 대한 손실 비율을 나타내는 **손실율**이다. 이 숫자가 낮을수록 손실이 적고 따라서 관리 문제도 줄어든다.

손실 관리에 대해서는 ABC 분석 방법을 활용한다. 손실 발생 요인을 보면, 전체의 80% 정도가 3~4항목에 해당하는 일이 많으므로 이 항목만을 중점적으로 관리하면 된다. 손실 규모가 작은 액수인데도 그 발생 요인을 관리하기 위해서 많은 비용이 들어간다면, 결과적으로 이익이 줄어들기 때문이다. 따라서 손실을 어느 정도까지 허용할지 판단하는 것이 관리 한계 범위의 손실율인 **허용 손실율**이다.

허용 손실율은 낮을수록 이익에 공헌하지만, 업종과 회사의 규모, 취급 상품에 따라 당연히 다르기 때문에 이렇다 할 기준이 없다. 그러므로 회사마다 독자적인 기준을 마련할 필요가 있는데, 소매업 가운데는 영업 이익률과 경상 이익률을 그 기준으로 삼고 있는 데도 있다. 그 기준을 넘으면 손실을 줄일 대책을 강화해야 하고, 기준이 넘지 않아도 현상을 유지하기 위한 노력이 필요하다.

■ 손실을 효과적으로 관리한다

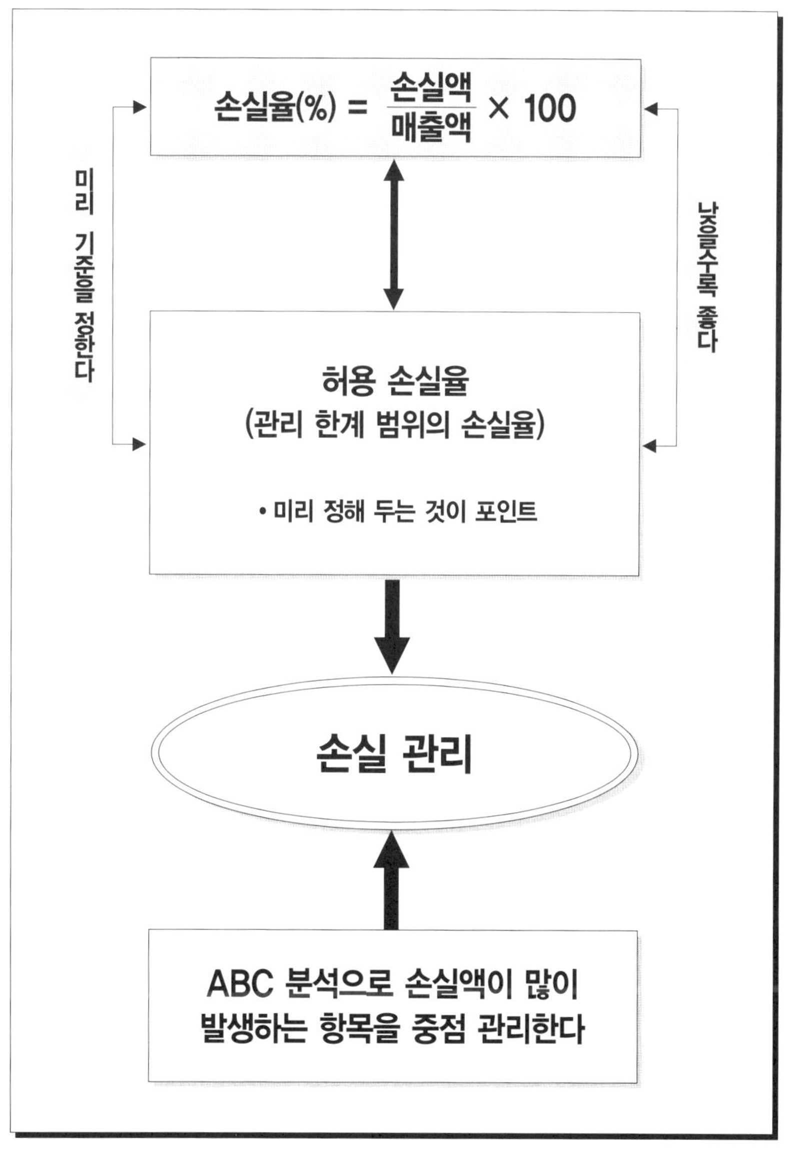
손실율(%) = 손실액 / 매출액 × 100

미리 기준을 정한다

낮을수록 좋다

허용 손실율
(관리 한계 범위의 손실율)

• 미리 정해 두는 것이 포인트

손실 관리

ABC 분석으로 손실액이 많이
발생하는 항목을 중점 관리한다

# 상품의 이익에 대한 공헌도를 판단한다

팔리는 상품과 이익을 올리는 상품을 점검한다

● 효율성이 좋은 상품에는 조건이 있다

'잘 팔린다, 이익도 크다'는 상품의 효율성을 고려할 때 빼놓을 수 없는 조건이다. 그러나 유감스럽게도 이 2가지 조건을 겸비한 상품은 극히 적다.

예를 들어 하루에 100이나 1,000 단위로 팔리는 식료품은 잘 팔리는 셈이지만, 마진이 적어 이익은 그리 크지 않은 상품이다. 반대로 귀금속류나 고급 가구는 판매량은 적지만, 이익이 큰 상품의 대표로 볼 수 있다. 그러므로 전체로 보면 어느 상품이 매출과 이익에 공헌하는지 잘 모른다. 따라서 상품의 효율성을 판단하려면 '팔리는 정도와 이익'의 양 측면을 모두 검토해야 한다.

팔리는 정도를 보려면 상품 회전율, 이익을 보려면 매출 총이익의 지표를 보면 된다. 이 2가지 지표를 혼합한 **교차 비율**은 지표가 상품 효율성을 판단하는 데 효과적이다.

상품 회전율은 매출액을 달성하는 데 재고가 몇 회나 교체되었는가를 재는 것으로, 진정한 의미의 효율성을 보여 준다. 그러나 재고가 회전해도 이익을 올리지 못하면 아무 의미가 없기 때문에, 매출 총이익률로도 효율성을 판단할 필요가 있다.

교차 비율은 상품 재고액에 대한 매출 총이익으로 재고의 생산

■ 매출과 이익에 공헌하는 상품을 판단한다

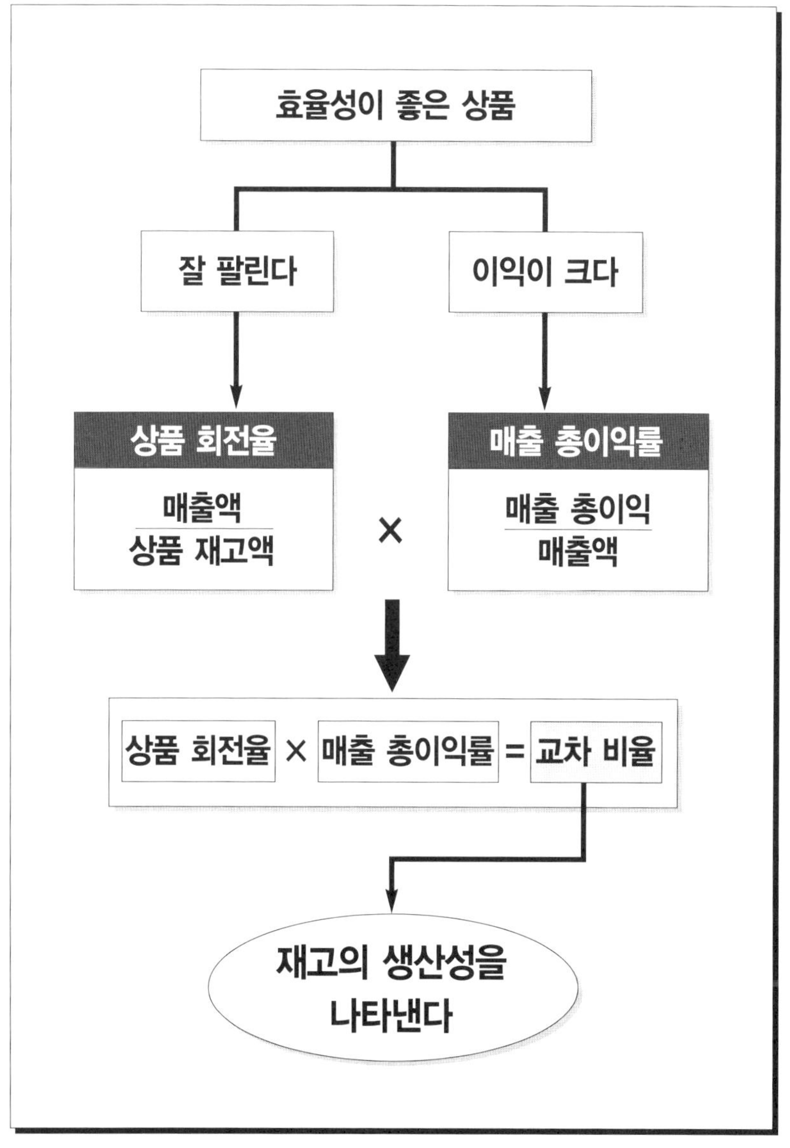
효율성이 좋은 상품
잘 팔린다
이익이 크다
상품 회전율
매출액
상품 재고액
×
매출 총이익률
매출 총이익
매출액
상품 회전율 × 매출 총이익률 = 교차 비율
재고의 생산성을
나타낸다

성을 나타내는 숫자이며, 이 숫자가 높을수록 효율성이 좋다.

●4가지 유형으로 분류할 수 있다

교차 비율은 업종이나 상품의 특징에 따라 다른 것이 보통인데, 매출 총이익률과 상품 회전율의 구성은 다음과 같이 4가지 유형밖에 없고 모두 상품 판매 정책의 위치를 나타낸다.

① 매출 총이익률, 상품 회전율 모두 높다(厚利多賣)

② 매출 총이익률은 높지만, 상품 회전율은 낮다(厚利少賣)

③ 매출 총이익률은 낮지만, 상품 회전율은 높다(薄利多賣)

④ 매출 총이익률, 상품 회전율 모두 낮다(薄利少賣)

매출 총이익률, 상품 회전율 모두 높은 것은 '후리다매(厚利多賣)'의 수익성이 좋은 상품으로 이상적인 형태지만, 이런 상품은 거의 없다. 고매출 총이익률, 저상품 회전율의 유형은 수는 적지만 마진율이 높은 소위 '후리소매(厚利少賣)'의 고수익성 상품이다. 고상품 회전율, 저매출 총이익률의 유형은 박리다매형 상품이다. 이에 비해 상품 회전율, 이익률이 모두 낮은 상품은 상품 구색의 필요성 때문에 취급할 뿐인 '박리소매(薄利少賣)' 형 상품이다.

상품 회전율과 이익률이 모두 높은 상품이 이상적이지만, 이는 수많은 상품 가운데 극히 일부에 지나지 않고, 이익률이 낮은 상품은 회전율로, 상품 회전율이 낮은 것은 이익률로 보충하는 대책이 필요하다.

■ 교차 비율에는 4가지 유형이 있다

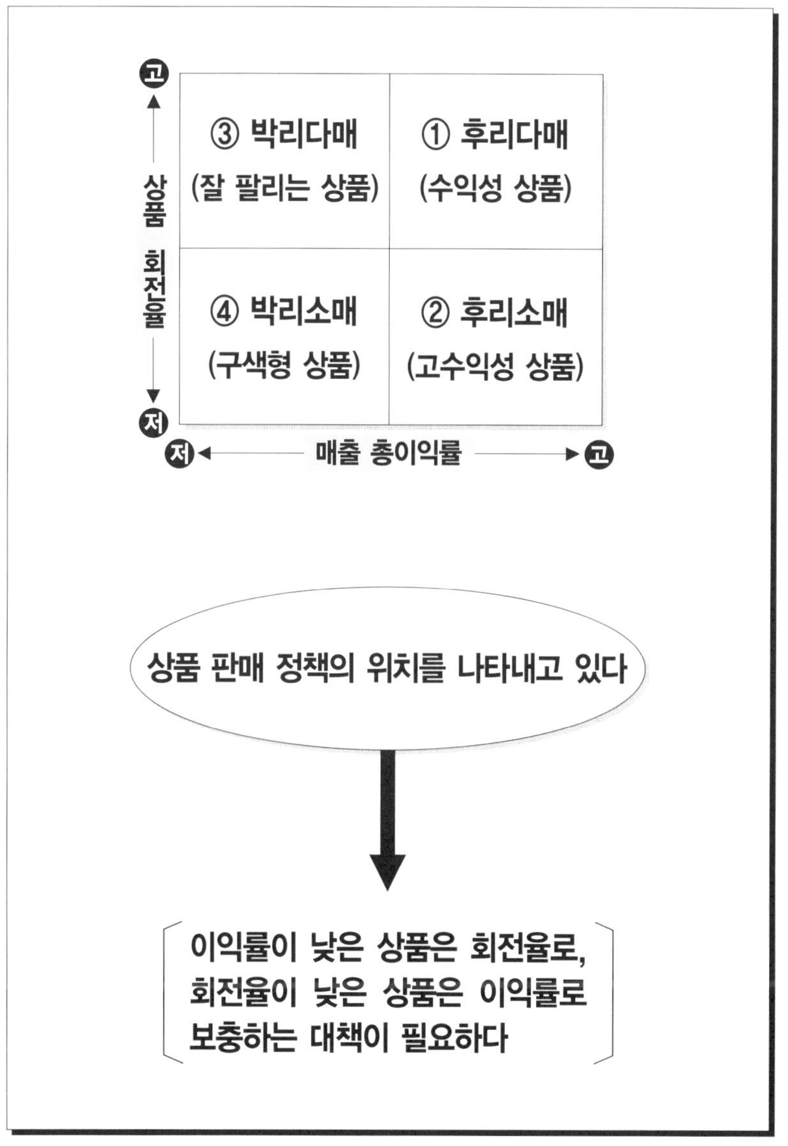

10 적정 재고를 위한 발주 방식이 있다

기본은 정기 발주 방식과 정량 발주 방식

●발주를 위한 5가지 숫자

재고는 너무 많거나 너무 적어도 회사에 손실을 초래한다는 점에서 적정 재고의 문제가 제기된다. 즉 낭비가 없는 재고가 적정 재고이고, 어느 일정량까지 재고가 감소하면 발주할 필요가 있다. 따라서 발주 시점을 잊지 않고 적절한 발주량을 정해 재고량을 보충할 필요가 있는데, 그럴 때 필요한 숫자가 5가지다.

① **발주점**―발주 시기가 포인트

② **발주량**―발주점에서 발생하는 적정한 수량

③ **최소 재고량(안전 재고량)**―결품(缺品)을 방지하기 위한 최소한의 여유 재고량

④ **조달 기간(리드타임)**―발주하고 나서 상품 도착까지의 기간

⑤ **평균 출고량**―1일당 평균 출고율

이 5가지를 토대로 발주량이 정해지는데, 재고에는 기본적인 변동 유형이 있다는 것을 알면 도움이 된다. 재고는 삼각형의 궤적을 그리면서 반복되는 경향이 있는데, 잘 팔릴 때는 재고의 감소 속도가 빨라지고, 그 반대일 경우는 과잉 재고로 깨끗한 궤적을 그릴 수 없는 경우가 적지 않다.

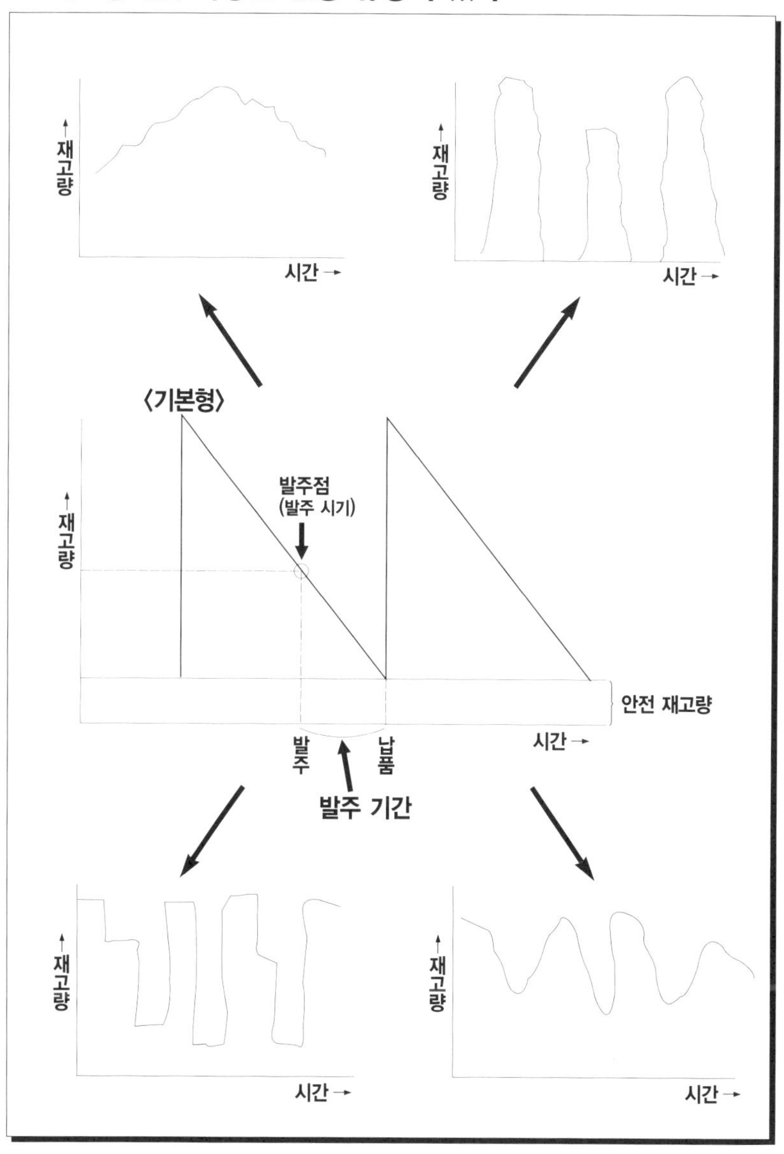
재고량
시간→
재고량
시간→
〈기본형〉
발주점
(발주 시기)
재고량
안전 재고량
발주
납품
시간→
발주 기간
재고량
시간→
재고량
시간→

●재고의 특징에 따라 발주 방법을 바꾼다

　발주 방식은 출고의 흐름에 맞추는 방식과 재고 잔고에 맞추는 방식이 있고, 이 방식들을 기본으로 다양한 방식이 있다. 일반적으로 활용하는 것이 정기 발주 방식(定期發注方式), 정량 발주 방식(定量發注方式), 형편에 따른 발주 방식이다.

　정기 발주 방식은 매주 월요일, 매월 20일 등 정기적으로 발주하는 방법이다. 발주량은 미리 정해 두지 않고 그때마다 결정하는 방식이며, 대표적인 예는 보충이다. 이 방식은 판매와 출고의 페이스가 일정하지 않은 상품을 대상으로 하기 때문에 계절 변동이 심한 상품, 사용량이나 판매량이 적은 소모품에 적합하다.

　이에 비해 정량 발주 방식은 필요할 때 부정기적으로 정해진 양만큼 발주하는 방식으로, 재고가 일정량 이하로 떨어졌을 때 발주한다는 점이 특징이다. 발주량이 정해져 있기 때문에 판매량이 안정적이고, 비교적 가격이 싸고 유행성이 적은 일상용품에 적합하다.

　형편에 따른 발주 방식은 판매량이 적고 용도도 한정되어 있는 패션 상품 등에 이용하는 방법이다. 필요할 때 필요한 양만큼 구입하는 방법으로, 불필요한 재고가 없도록 하는 부정기, 부정량 발주라 한다. 이 방식은 재고가 적다는 의미로는 이상적이지만, 그 대신 발주할 때마다 검수(檢收) 등 사무 처리에 품이 들기 때문에 가격이 비싼 상품, 간혹 출고되는 상품, 다른 것으로 전용할 수 없는 상품에 적합하다.

■ 정기 발주 방식과 정량 발주 방식의 특징

• 정기 발주 방식

발주량 = (발주 주기 + 리드타임)의 예정 출고량
        − 현재 재고량 − 현재 수주 잔고 + 안전 재고량

장점	단점
· 발주량을 자유롭게 조정할 수 있다 · 수요의 변동에 대응하기 쉬워 수요 예측도 정확하게 할 수 있다 · 발주 주기가 일정하기 때문에 작업의 계획화가 가능하다 · 많은 상품을 동시에 발주할 수 있어서 재고의 감소도 꾀할 수 있다	· 관리에 품이 들기 때문에 많은 상품에는 적용하기 어렵다 · 현재 재고량의 확인 작업에 품이 든다 · 발주량의 결정을 그때마다 하기 때문에 판단과 관리가 어렵다 · 수요 변동이 큰 상품에는 재고 조정이 어렵다

• 정량 발주 방식

발주점(日) = 리드타임의 평균 출고량 + 안전 재고량

장점	단점
· 발주 기간, 발주량이 자동적이기 때문에 관리가 용이하다 · 발주량이 일정하기 때문에 취급 비용과 재고량을 절감하기 쉽고, 재고 관리도 확실하다 · 경제 로트로 일정량을 발주할 수 있다 · 재고 계획과 일치시키기 쉽고 품절이 적다	· 대략적이기 때문에 치밀한 재고 관리가 어렵다 · 운용이 형식적이라 재고 조정이 어렵다 · 조달 기간이 긴 상품과 로트 분납이 많은 상품에는 맞지 않는다 · 각 상품의 발주점 확인 작업이 어렵다

회사의 실태를 파악하는 경영 분석 방법

주주의 시각에서 '매출액·비용·이익' 및 '人·金·物'으로
회사의 수익성과 안전성. 생산성과 성장성을 파악하면,
회사의 실태를 알 수 있다.

1 회사의 숫자를 파악하는 기준은?

다각화되고 있는 회사의 평가 시스템을 이해한다

● **기본은 수익성 · 안전성 · 생산성의 3가지 시점**

회사의 숫자를 읽는다는 것은 경영을 분석한다는 의미다. 즉 결산서처럼 객관적인 숫자로 판단할 수 있는 지표를 점검하여 회사(자사, 타사)가 안고 있는 문제점을 파악해 대책을 마련하는 것이다.

그러나 회사가 이익을 추구하기 위해서는 계속해서 발전, 성장해 나가야 하기 때문에, 무엇보다도 회사의 실태를 숫자로 정확히 파악할 필요가 있다. 이러한 일련의 작업을 경영 분석이라고 생각하면 된다.

경영 분석은 주로 다음과 같은 시점에서 행해지는 것이 일반적인데, 이를 위해서는 매출액, 비용, 이익의 시점이 필요하고 또 그렇게 하는 것이 경영 분석에 쉽게 접근할 수 있는 방법이다.

① 수익성
② 안전성
③ 생산성

수익성이란 말 그대로 이익이 나는지, 돈이 벌리는지를 판단하는 것이며, 안전성은 자금 융통, 지불 능력 등 경영 상태의안전 여부를 판단한다. 생산성은 효율성이라는 시점도 가능한데 경영 효

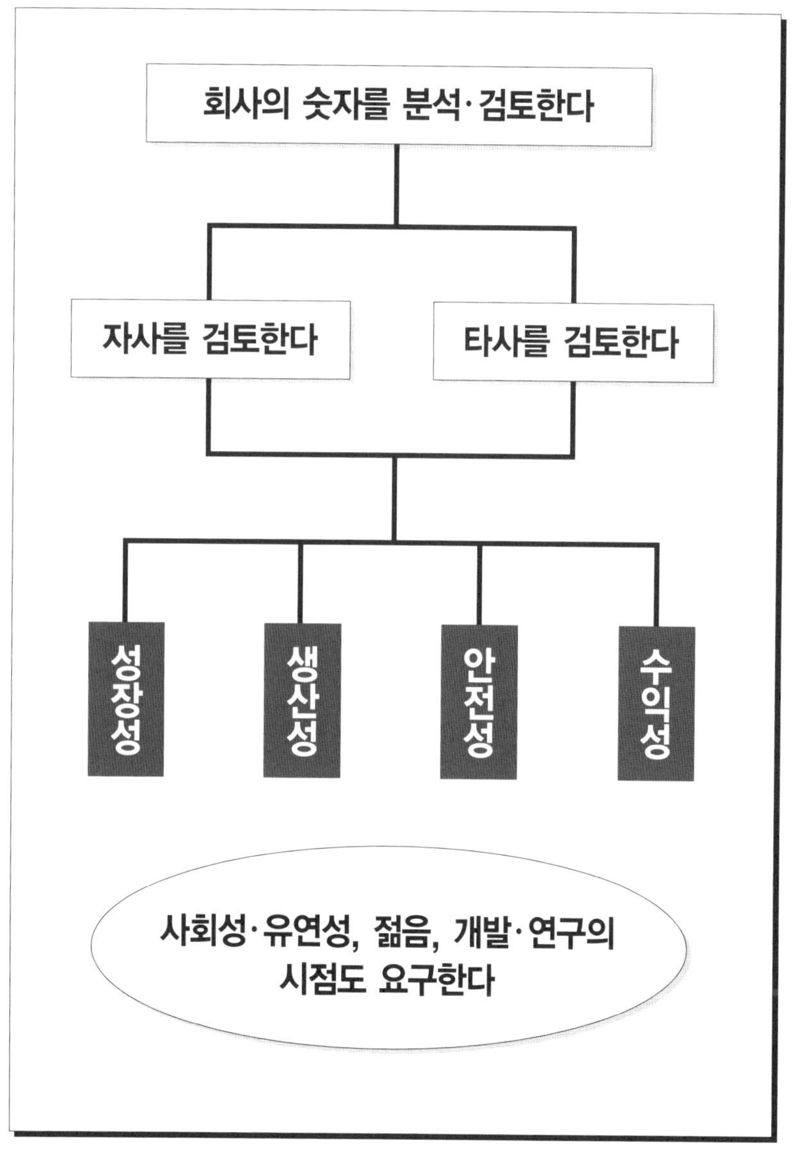

회사의 숫자를 분석·검토한다
자사를 검토한다
타사를 검토한다
성장성
생산성
안전성
수익성
사회성·유연성, 젊음, 개발·연구의
시점도 요구한다

율성과 인건비의 비율 등 투입한 경영 자원이 얼마만큼의 성과를 올렸는지를 나타내는 숫자다. 또한 이 3가지 시점과 아울러 매출액으로 대표되는 성장성의 시점은 회사가 커지고 있는지의 여부를 판단하는 것이므로 빼놓을 수 없다.

●캐시플로의 시점에서도 숫자를 파악한다

경영 분석에 빼놓을 수 없는 결산서다. 하지만 손익 계산서와 대차 대조표는 이들을 활용한 분석 방법은 자료 성격상 한계가 있기 때문에 새로이 제3의 재무제표인 캐시플로 계산서가 첨가됐다. 즉 현금을 중시하는 캐시플로 시점에서 숫자를 파악할 필요성이 생겼다는 뜻이다.

더욱이 최근에는 회사를 좀 더 다각적으로 평가하려는 움직임이 활발해졌다. 수익성, 안전성, 생산성이라는 종래의 시점에 덧붙여 사회성·유연성, 젊음, 개발·연구의 시점도 필요로 한다.

바꿔 말하면 양적인 재무제표에 의한 평가만이 아니라 기업의 사회성에 해당하는 질적인 측면까지 포함시켜 다각적으로 평가하자는 것이다. 사회성·유연성을 판단하는 경우는 사회 공헌도와 임금 보장 제도 등이 판단 지표가 되고, 젊음은 이사의 평균 연령이 기준이 된다. 또한 주주를 중시하는 경향도 전보다 더욱 강해지고 있는 것이 최근의 특징이다.

■ 회사의 숫자를 분석하는 순서

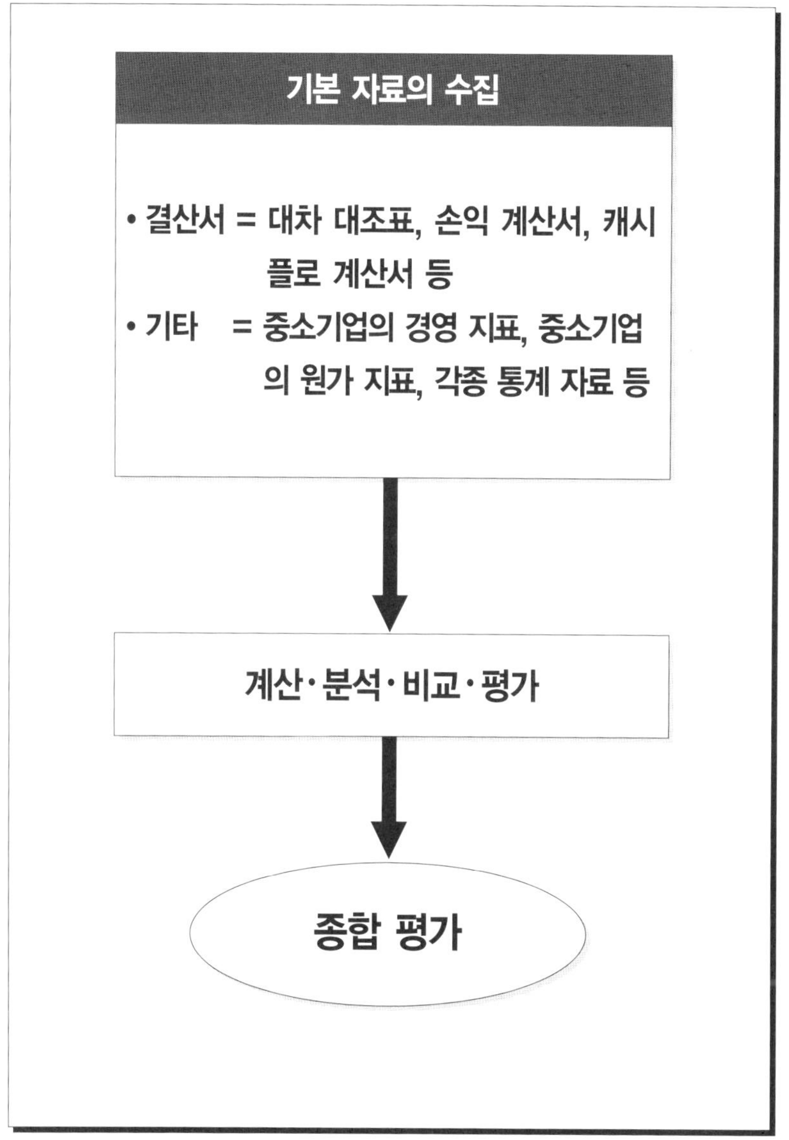

새로운 회계 기준은 어떤 것인가?

회계 분야에서도 세계 표준화가 진행되고 있다

　세계 표준화는 세계적인 추세로, 회계 분야도 예외는 아니다. '회계의 대개혁이 일어나고 있다'는 말도 세계 표준이라는 국제 회계 기준에 일본의 회계 기준을 맞추려는 움직임이 활발해지고 있기 때문이다.

　경제 활동의 세계화는 기업의 국제화를 의미하는데, 그것은 해외에서 자금을 조달할 필요성뿐만 아니라 해외 기업의 매수나 합병, 해외 기업에 대한 투자와 대부 같은 기업 활동이 그 배경에 있다.

　요컨대, 회계 기준도 해외 투자가를 이해시킬 수 있는 국제적인 기준으로 바꿔야 할 필요성에서 나온 것으로, 그 내용은 다음과 같다. 이는 국제 회계 기준의 주된 특징이다.

　① 연결 기준인 결산을 중시

　② 캐시플로 계산서를 첨가한다

　③ 시가, 세금 효과, 퇴직 급부 회계의 도입

　모두 법률적인 형식보다도 경제적인 실태를 중시하고 있고, 충실한 경영 공개, 즉 숨기기보다는 보여 줌으로써 안심시키는 정보 개시로 나간다는 것이 기본 생각이다.

일본의 회계 기준도 국제적인 기준으로

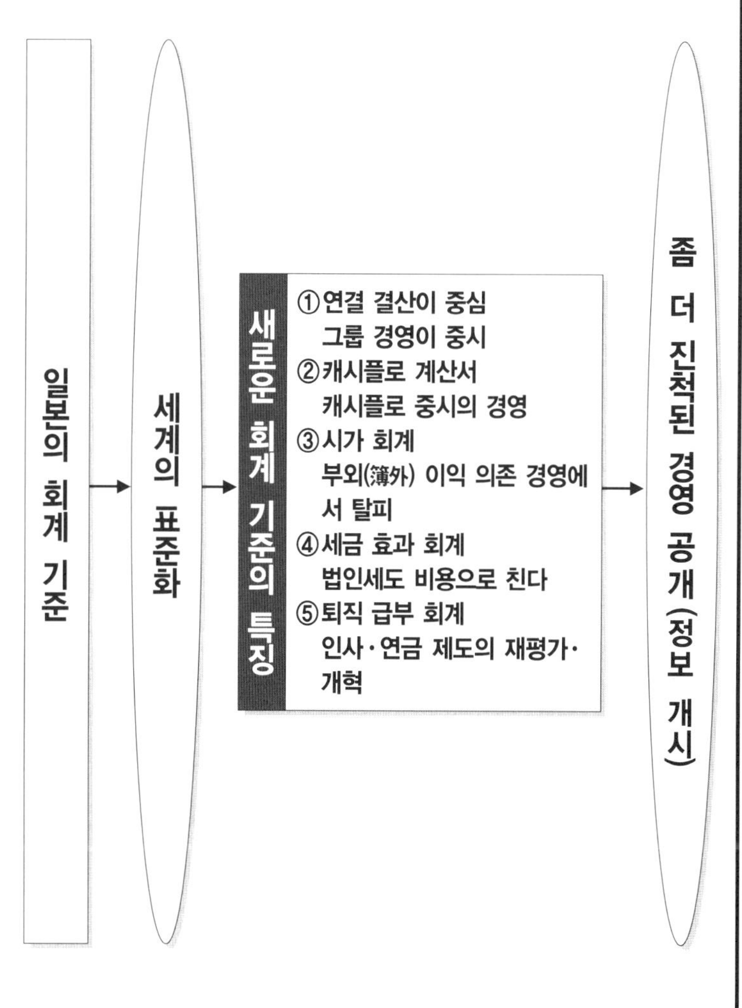

2 얼마나 벌었는가를 판단한다

자본·매출액·이익의 관계를 판단하는 것이 기본이다

●먼저 요구되는 것은 수익성

회사란 자기 자본과 남에게 빌린 자본을 이용해 경영 활동을 하고, 판매 활동을 통해 수익과 이익을 올리는 데 목적이 있다. 수익성을 판단할 경우, 자본을 들이지 않고도 많은 매출과 이익을 올린다면 수익성이 높다는 것을 의미한다. 따라서 자본과 매출액, 이익에서 도출한 다음과 같은 지표가 기본이 된다.

① 자본 이익률

② 자본 회전율

③ 매출액 이익률

'이익÷자본'의 식으로 구하는 이익률은 자본과 이익의 관계로 판단하며, 수익성을 판단하는 데 흔히 활용된다. 그러기 위해서는 먼저 자본에 대해 이해할 필요가 있다.

자본은 크게 주주 자본과 타인 자본으로 나뉜다. 주주 자본은 자기 자본, 순자산이라고도 하며, 주주가 지불한 자본금과 자본 준비금뿐만 아니라 거기서 파생된 이익인 이익 준비금과 잉여금도 포함한다.

주주 자본이라는 명칭은, 자기 자본은 모두 주주의 것이므로 이익에 상응하는 배당을 한다는 입장을 정착시키기 위해서 지금까지 쓰인다.

■ 수익성을 판단하기 위한 3가지 기본 공식

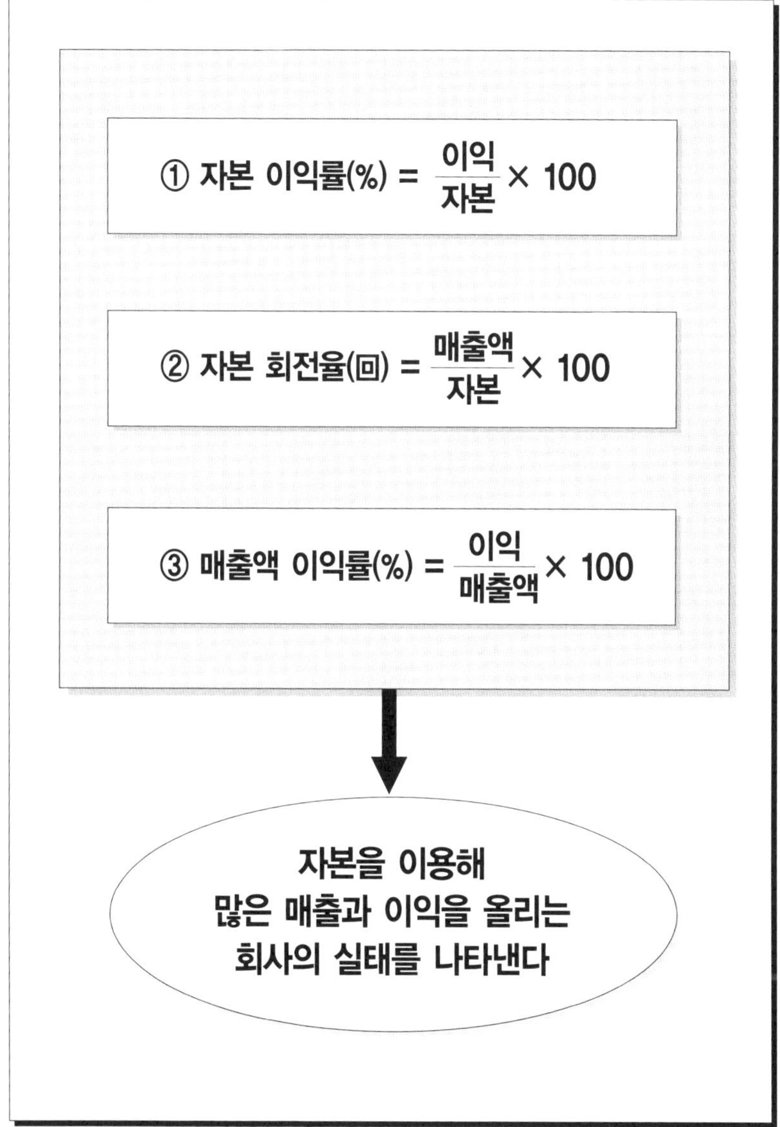

이에 비해 타인 자본은 단기 또는 장기로 차입한 것으로 차입 자본이라고도 하며, 사채, 전환 사채 등도 이에 포함된다. 즉 **주주 자본＋타인 자본**이 총자본이며, 경영에 투입된 자본의 합계 금액이다.

●단순한 규모보다 효율성을 중시

수익성은 '**이익÷자본＝자본 이익률**'의 계산식에 자본과 이익의 종류를 적용시켜 판단하지만, 경영 지표로서 회사와 주주를 모두 중시하는 것은 다음의 2가지 지표다.

① 주주 자본 이익률(ROE)

② 총자본 이익률(ROA)

주주 자본 이익률의 이익은 세후 당기 순이익으로, 이 수치가 높을수록 주주 자본을 효율적으로 사용하여 이익을 올리는 것이다. 매출액과 이익이라는 사업의 단순한 규모보다 주주 자본 이익률로 판단하는 효율성이 중시된다.

총자본 이익률은 세후 당기 순이익이다. 이 지표는 주주가 맡긴 자금뿐만 아니라 차입금 등 외부에서 끌어들인 자본 전체를 얼마만큼 유효하게 써서 이익을 올렸는지를 보여 주는 것으로 주주 자본 이익률과 마찬가지로 중요하다.

●매출액과의 관계로 자본의 이용 효율성을 판단한다

매출과 이익은 자본 활용을 얼마나 잘 했는가에 따라 매출과 이익에 영향을 받는다. 자본과 매출액의 관계로 수익성을 판단하는 데는 **자본 회전율**의 지표를 활용한다. 매출액과 총자본의 관계로

■ 자본의 이용 효율성을 판단하는 4가지 숫자

① 주주 자본 이익률(%) = 당기 순이익 / 주주 자본 × 100

② 총자본 이익률(%) = 당기 순이익 / 총자본 × 100

이익률이 높고 회전율이 많을수록
수익성이 높다는 것을 나타낸다

① 주주 자본 회전율(回) = 매출액 / 주주 자본

② 총자본 회전율(回) = 매출액 / 총자본

적은 자본으로 많은 이익을 올린다

자본의 이용 효율을 판단하는 지표가 **총자본 회전율**로, 매출이 연간 총자본의 몇 배나 되는가를 나타낸다. 주주 자본을 사용해 기업 활동을 벌임으로써 얻는 수익성을 판단하는 데는 **주주 자본 회전율**이 활용된다. 이때 회전율의 단위는 '％'가 아니라 '回'로 나타낸다. 예를 들어 자본금 1,000만 엔으로 1년 동안 활동한 결과 3,000만 엔의 매출액을 올렸다면 '자본이 3회전'이라는 표현을 쓴다. 이 횟수가 많을수록 자본이 유효하게 사용되었음을 의미한다.

자본 회전율을 높이려면 매출액을 늘리거나 자본을 줄여야 하는데, 자본을 줄인다는 것은 자본을 효율적으로 사용한다는 뜻이다.

●알고 싶은 단계의 채산으로 구분한다

수익성을 판단할 수 있는 매출액 이익률은 매출액에 대한 이익의 비율을 나타내는 지표다. 다만 어느 단계의 채산을 알고 싶은가에 따라 3가지로 구분한다.

회사의 수익성을 판단하는 가장 기본적인 지표는 **매출액 총이익률**이고, 이 지표로 상품의 특성, 브랜드 인지도, 매입, 판매 전략의 차이 등을 파악할 수가 있다. 그리고 영업 활동 결과 얼마나 벌었는가를 알려면 **매출액 영업 이익률**을 알아야 하는데, 매출액 총이익률보다 좀 더 다양한 면에서 판단한 수익성을 파악할 수가 있다.

또한 수익성을 판단하는 데 가장 중요한 지표는 **매출액 경상 이익률**이고, 본업으로 얻은 자금의 운용 이익을 합하여 회사 전체가 얼마나 벌었는가를 알고 싶을 때 사용한다.

상품 특성과 판매 전략을 알 수 있다

$$① \text{ 매출액 총이익률(\%)} = \frac{\text{매출 총이익}}{\text{매출액}} \times 100$$

영업 활동의 결과인 이익률을 알 수 있다

$$② \text{ 매출액 영업 이익률(\%)} = \frac{\text{영업 이익}}{\text{매출액}} \times 100$$

회사 전체의 이익률을 알 수 있다

$$③ \text{ 매출액 경상 이익률(\%)} = \frac{\text{경상 이익}}{\text{매출액}} \times 100$$

알고 싶은 단계의 채산에 따라 구분한다

3 망하지 않는 체질도 판단할 수 있다

지불 능력과 자산 내용으로 파악한다

●자기 자본이 많을수록 재무 체질도 건전하다

회사의 목적은 자금을 사용해 이익이라는 경제성을 추구하는 것이므로, 최악의 사태인 도산을 피할 수 있어야 한다. 따라서 회사가 망하는 체질인지 아닌지, 안전성을 점검할 필요가 있는데, 포인트는 다음의 2가지다.

① 주주 자본의 충실도

② 지불 능력

주주 자본 비율은 총자본에 대한 주주 자본의 비율로서 안전성을 점검하는 중요한 지표다. 이 비율이 클수록 변제 의무가 없는 안정된 자금을 확보하고 있기 때문에 재무 체질도 건전함을 말해 준다. 주주 자본 비율이 낮다는 것은 금리 같은 코스트가 드는 타인 자본에 많이 의존하고 있기 때문에, 지불 이자가 이익을 축소시킨다는 것을 의미한다.

●곧바로 현금화할 수 있는 자산으로 판단한다

자기 자본만 갖고 기업 활동을 하는 회사는 드물다. 그러므로 돈을 변제하는 능력, 즉 지불 능력이 문제가 되는데 그 능력을 판단할 때의 포인트는 지불해야 할 부채에 대해 변제할 수 있는 자산

■ 재무의 건전성을 판단하는 자본의 충실도

$$\text{주주 자본 비율(\%)} = \frac{\text{주주 자본}}{\text{총자본}} \times 100$$

- 높을수록 좋지만 유효하게 사용하지 않으면 의미가 없다

- 낮으면 지불 이자 부담이 늘어 이익이 줄어든다

- 높을수록 자금 조달 방법이 건전하다

을 어느 정도 갖고 있는지의 여부다. 이때 지불 능력은 단기적인 지불 능력과 장기적인 지불 능력으로 판단하는데, 단기적인 지불 능력을 판단하는 것이 **유동 비율**이다.

유동 비율은 유동 자산과 유동 부채의 관계를 판단하는 지표로, 1년 이내에 갚아야 하는 자금은 1년 이내에 현금이 되는 자산으로 충당할 수 있어야 한다. 유동 자산이 충분하면 우선 변제 능력이 있고, 비율은 150~200%가 바람직하다. 비율이 높으면 문제가 없지만 낮으면 지불 능력 저하를 의미한다. 다만 팔 때는 현금을 받고 상품을 팔지만, 상품을 구입할 때는 어음을 끊는 경우도 있기 때문에 지불 능력을 판단하는 지표로 유동 비율을 중요시하지 않는 경우도 있다. 또한 단기적인 지불 능력이 있다는 것은 주주 자본 비율이 높다는 것으로 수익성의 크기를 나타내기도 한다.

안전성을 점검하려면 우선 주주 자본 비율과 유동 비율의 2가지 지표를 검토해야 한다. 그러나 좀 더 정확하게 검토하고 싶다면 유동 부채에 대한 현금, 유가 증권 등 당좌 자산의 비율인 **당좌 비율**이 도움된다. 이 비율은 높을수록 좋으며, 보통 120%가 기준이다.

이 비율들을 검토할 경우 반드시 자산의 내용을 점검하는 것이 포인트다. 불량 채권이 있으면 자금 융통이 나빠지고, 창고에서 잠자고 있는 상품이 많으면 지불 능력이 떨어지기 때문이다. 비율을 좋게 하려면 유동 자산을 늘리고 유동 부채를 줄여야 하는데, 특히 유동 부채를 줄이는 것이 중요하다.

■ 자기 자산으로 지불 능력을 판단한다

$$유동\ 비율(\%) = \frac{유동\ 자산}{유동\ 부채} \times 100$$

높을수록 지불 능력이 있으며, 너무 지나치게 높아도 자본의 낭비로 효율성이 떨어진다

단기 지불 능력을 점검한다

$$당좌\ 비율(\%) = \frac{당좌\ 자산}{유동\ 부채} \times 100$$

100% 이상이면 당면한 지불에는 문제가 없기 때문에 이 숫자가 기준이 된다

- 유동 자산 = 당좌 자산 + 재고 자산 + 기타 유동 자산
- 당좌 자산 = 현금 및 예금, 수취 어음, 외상 매출금, 유가 증권 등
- 재고 자산 = 상품, 제품, 반제품, 원자재, 가공 중인 제품 등
- 기타 유동 자산 = 계약금, 선불, 미수 수익 등
- 유동 부채 = 지불 어음, 외상 매입금, 단기 차입금, 미불금 등

● 차입금은 적을수록 좋다

안전성을 판단하려면 차입금과 사채 등의 유이자 부채(有利子負債)를 총자산으로 나누어 구한 **유이자 부채 의존도(차입금 의존도)** 지표를 흔히 활용한다. 이는 변제 의무가 있는 유이자 부채(차입금)에 초점을 맞춰 총자본에서 차지하는 비율을 보는 것으로, 재무상의 위험도를 찾는 데 목적이 있다. 이때 의존도는 낮을수록 좋다.

또한 매출액에 대한 지불 이자의 비율을 나타내는 지표인 **매출액 지불 이자율**도 매출액에 상응하는 지불 이자를 어떻게 판단하는가에 자주 활용된다. 비율이 높으면 매출액에 대한 지불 이자가 많기 때문에 차입금도 많다. 반대로 비율이 낮으면 금리 부담이 적어 자금 운용 측면에서 여유가 있음을 나타낸다.

안전성을 분석하는 이유는 회사의 재무 상태를 판단하기 위해서이며, 주로 B/S가 안전성을 어느 정도 파악할 수 있다는 것에서 활용한다. 그러나 B/S상으로는 흑자여도 도산하는 경우가 있는데, 이때 이런 점까지 파악하지 못한다는 한계가 있다. 따라서 현금의 흐름이 명확한 C/F에 대한 분석도 필요하다.

■ 유이자 부채와 지불 이자로 안전성을 판단한다

$$\text{유이자 부채 의존도}(\%) = \frac{\text{유이자 부채}}{\text{총자산}} \times 100$$

유이자 부채(차입금)의 비율이 높을수록 재무상의 위험성이 높고, 최악의 경우는 도산으로 이어진다

차입금이 많은지 적은지를 확인한다

$$\text{매출액 지불 이자율}(\%) = \frac{\text{지불 이자}}{\text{매출액}} \times 100$$

비율이 낮을수록 매출액이 많거나 지불 이자가 적다는 것을 나타내기 때문에, 비율의 크기가 영업 이익에 영향을 준다

경영 전체를 판단하는 연결 결산

숫자의 계산법과 판독법은 단독으로는 달라지지 않는다

　연결 결산을 간단히 말하면, 모회사와 자회사처럼 자본 관계가 있는 회사의 결산서를 합쳐서 하나의 결산서로 만드는 것을 말한다. 이는 연결 재무제표가 없으면 기업의 실태를 판단할 수 없기 때문이다.

　기업은 제휴, 자본의 지분, 매수·합병 등을 통해서 생존 전략을 세우는데, 이들 기업의 숫자를 개별적으로 파악하면 실태가 드러나지 않을 우려가 있다. 예를 들어 단독 결산에서는 수익이 충분하지 않아도, 연결 결산에서는 고수익을 올리는 회사는 그것을 바탕으로 주가가 높아진다는 점이다. 이처럼 연결하여 경영 전체를 판단하는 것이 현실이고, 이와 같이 연결 결산 중심의 개시가 이루어지면 투자가들이 기업을 평가할 때 점점 더 연결 중심으로 한다. 따라서 경영자는 단독 중시 경영에서 연결 그룹 전체를 고려하는 경영으로 옮겨간다.

　그러나 경영 분석에서는 연결이든, 단독 개별이든, 수익성·안전성·성장성이라는 숫자의 계산법과 판독법은 달라지지 않는다.

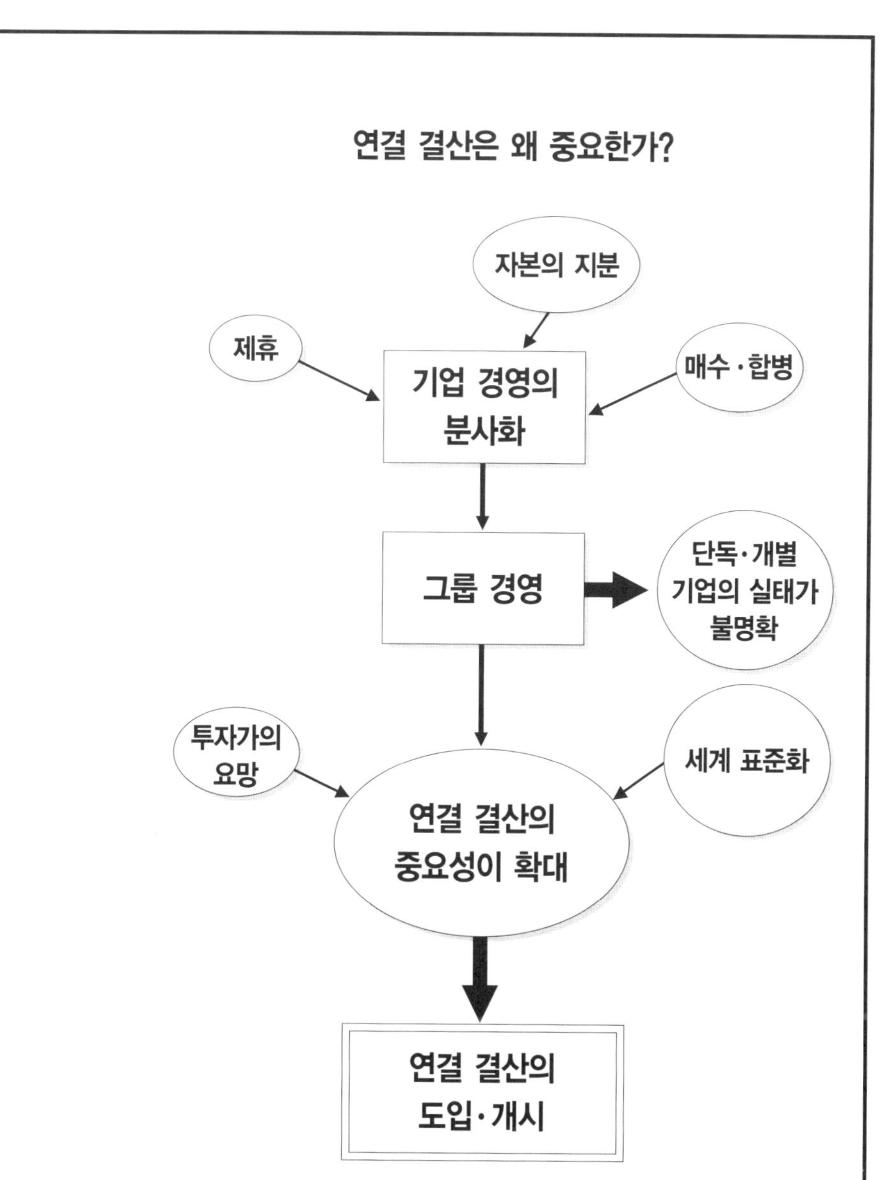

연결 결산은 왜 중요한가?
자본의 지분
제휴
기업 경영의
분사화
매수·합병
그룹 경영
단독·개별
기업의 실태가
불명확
투자가의
요망
연결 결산의
중요성이 확대
세계 표준화
연결 결산의
도입·개시

매출액과 이익으로 효율성을 판단한다

기본이 되는 1인당과 매장 면적당

● 가장 중시하는 인적 효율성

업종과 상관없이 효율성 가운데 가장 중요한 지표가 인적 효율성이다. 그것은 '人'과 더불어 중요한 '金'과 '物'도 '人'이 만들어 내기 때문이다.

효율성을 재는 척도가 생산성인데, 인적 자원의 생산성을 판단하는 가장 기본적인 숫자가 매출액을 종업원 수로 나누어 구한 **종업원 1인당 매출액**이다.

매출액이 많을수록 회사의 규모가 크다는 사실을 알 수 있지만, 효율성의 경우 단순히 매출액 크기만으로는 판단할 수 없다. 예컨대, A사와 B사가 똑같이 50억 엔의 매출액을 올렸다면 같은 규모의 회사라고 판단할 수 있다. 그러나 A사는 종업원 수가 100명 B사는 80명이라고 하면, 종업원 1인당 매출액은 A사가 5,000만 엔인데 비해 B사는 6,250만 엔이다. 종업원 1인당 매출액은 클수록 좋으므로 B사가 A사보다 효율성이 좋다고 판단할 수 있다.

여기서 말하는 종업원은 정사원만이 아니라 근무 시간이 다른 파트타임이나 아르바이트도 포함되므로, 사원과 같은 조건(1인 1일 8시간 노동)으로 계산해서 나온 종업원의 수다.

■ '人'과 '매장'으로 효율성을 판단한다

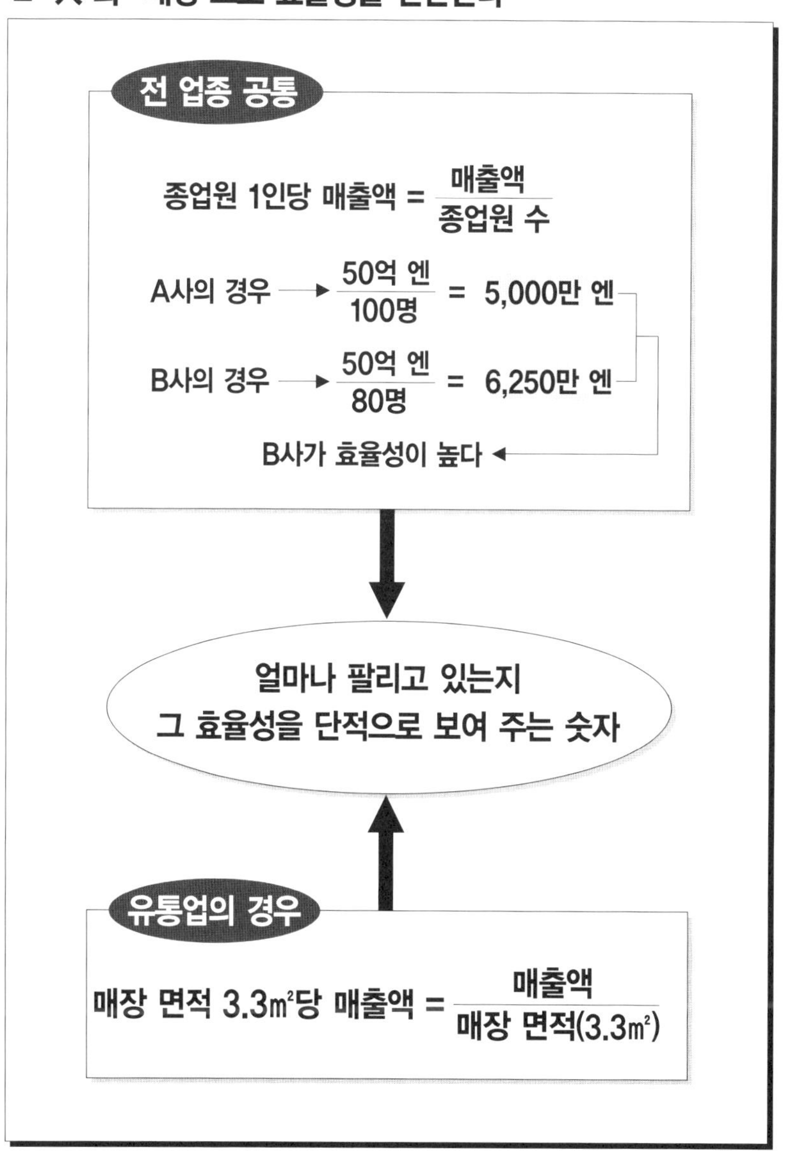

제4장 회사의 실태를 파악하는 경영 분석 방법

● 이익에도 주목할 필요가 있다

소매업의 경우 '매장 면적당 매출액은 편의점이 슈퍼마켓을 웃돈다'는 말처럼 효율성을 매장 면적당 매출액으로 판단하는 경우가 많다. 여기서 매출액이란 3.3㎡당 매출액이며, 매출액을 매장 면적으로 나누어 구한다. 소매업이 이 숫자를 중시하는 이유는 얼마나 팔리는지 그 효율성을 가장 단적으로 나타내기 때문이다.

매장 면적당 매출액은 클수록 좋고, 편의점이 슈퍼마켓을 웃돈다는 것은 매장 면적이 작으면서도 매출액이 많음을 의미한다.

또한 효율성을 판단할 경우 매출액만으로는 충분하지 않기 때문에 **종업원 1인당 매출 총이익, 매장 면적당 매출 총이익**이라는 이익 시점으로도 판단해야 한다. 그것은 도표처럼 1인당 매출액은 같아도 1인당 매출 총이익으로 계산하면 달라지는 경우가 있기 때문이며, 매장 면적의 경우도 마찬가지다. 그러므로 효율성을 판단할 경우, '얼마나 팔리는가'와 '얼마나 벌었나'라는 2가지 시점으로 판단할 필요가 있다.

이와 같이 매출액과 이익을 1인당, 면적당으로 계산함으로써 타사와 같은 조건으로 단순 비교가 가능해진다. 아울러 부문마다 숫자를 구함으로써 효율 격차를 정확히 알 수 있다는 이점도 있다.

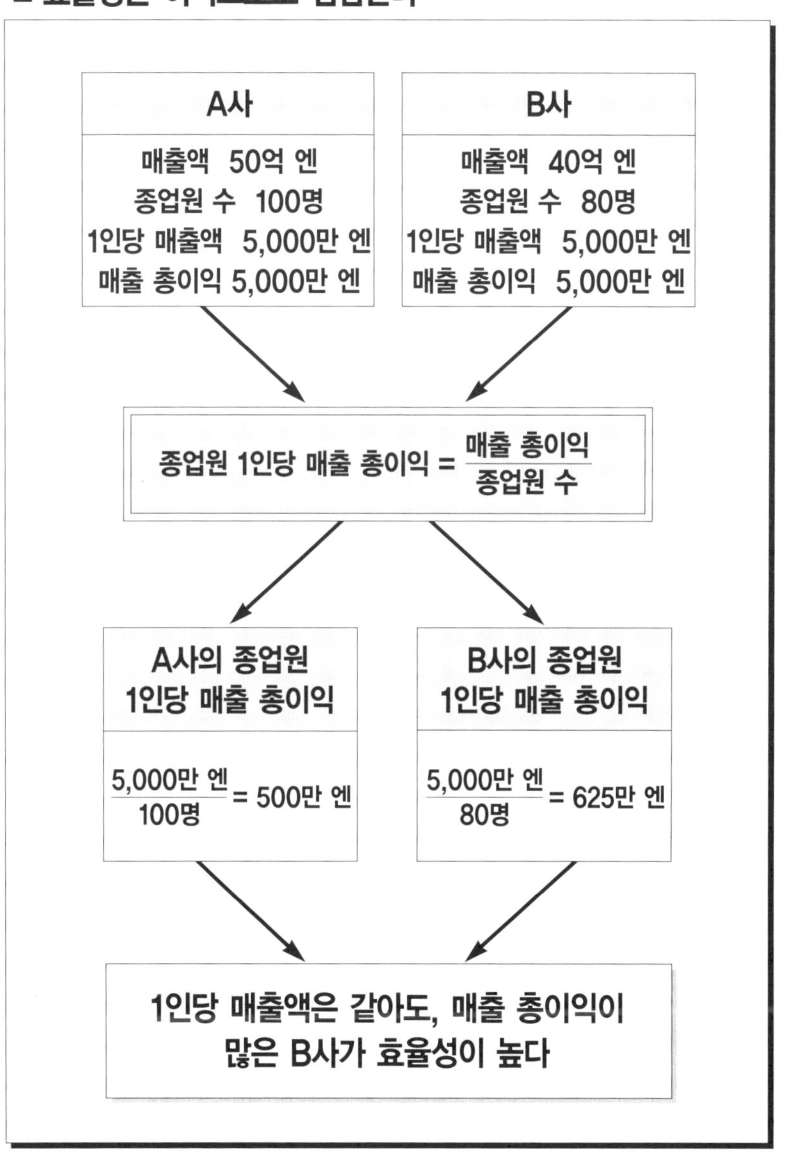

A사
매출액 50억 엔
종업원 수 100명
1인당 매출액 5,000만 엔
매출 총이익 5,000만 엔
B사
매출액 40억 엔
종업원 수 80명
1인당 매출액 5,000만 엔
매출 총이익 5,000만 엔
종업원 1인당 매출 총이익 = 매출 총이익 / 종업원 수
A사의 종업원 1인당 매출 총이익
5,000만 엔 / 100명 = 500만 엔
B사의 종업원 1인당 매출 총이익
5,000만 엔 / 80명 = 625만 엔
1인당 매출액은 같아도, 매출 총이익이 많은 B사가 효율성이 높다

5 경영 자원인 '人'의 효율성을 잰다

매출액·인건비·설비로 점검한다

● 1인당 부가 가치가 노동 생산성

경영 자원인 '人'이 효율적으로 활용되고 있는지의 여부는 노동이 산출한 부가 가치로 잴 수가 있는데, 이 부가 가치는 생산성을 재는 기준이 된다. 생산성이라면 보통 노동 생산성을 의미할 만큼 '人'과 부가 가치의 관계는 밀접하다.

노동 생산성은 부가 가치를 종업원 수로 나누어 구하기 때문에 **1인당 부가 가치**이고, 크게는 종업원 1인당 매출 총이익과 같다. 흔히 '저 회사는 경영 효율성이 좋다, 이익을 많이 내는 회사다' 라고 말할 때 노동 생산성이 높다, 즉 1인당 부가 가치가 크다는 것을 의미한다. 반대로 노동 생산성이 높은 회사가 되려면 1인당 부가 가치를 올려야 하는데, 이를 위해서는 다음과 같은 방법이 있다.

① 부가 가치를 크게 한다

② 종업원 수를 줄인다

③ ①과 ②의 상승 효과

이 밖에도 노동 생산성을 매출액과의 관계로 보아 1인당 매출액과 (매출액) 부가 가치율로 나눌 수 있다.

요컨대, 노동 생산성을 높이려면 1인당 매출액과 부가 가치율 가운데 어느 1가지 혹은 2가지 모두 올려야 한다.

■ '人'의 효율성은 무엇으로 판단하는가?

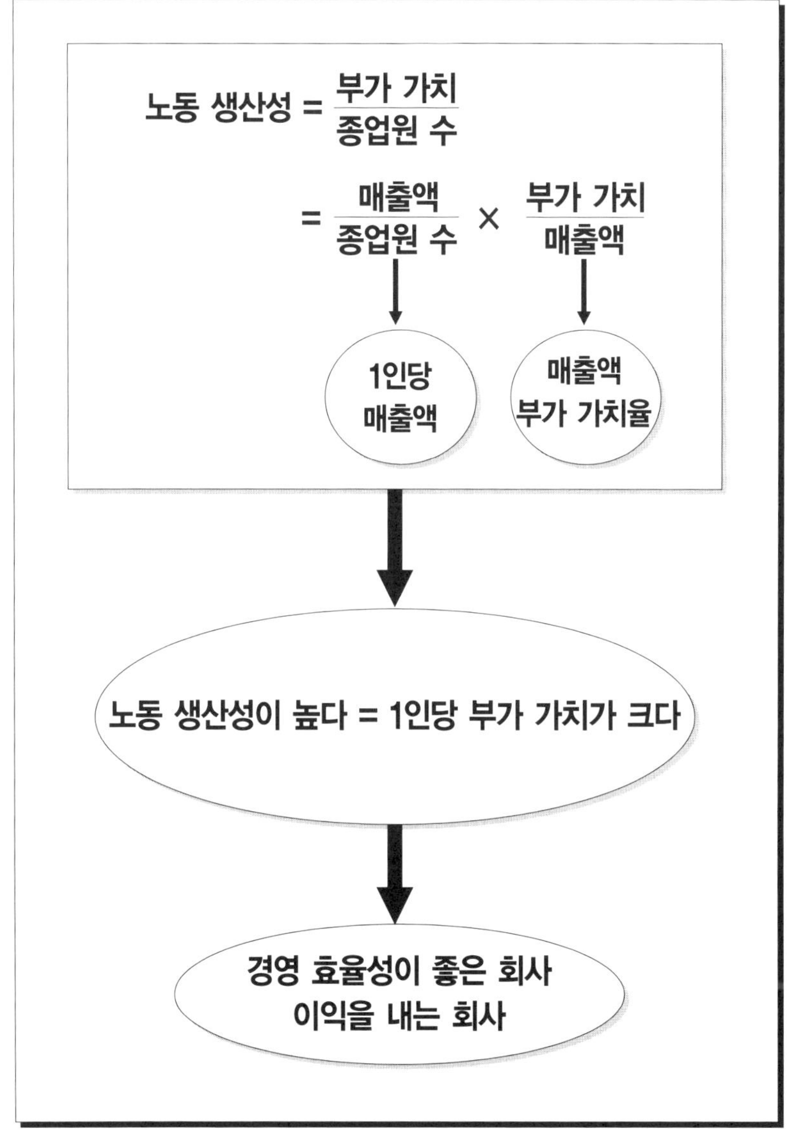

● 높아도 낮아도 문제가 되는 노동 분배율

'人'이라고 하면 인건비를 연상하는데, 부가 가치와 인건비의 관계를 파악하는 것도 효율성을 판단하는 데 중요하다. 부가 가치가 차지하고 있는 인건비의 비율이 **노동 분배율**이고, 이 숫자로 종업원에게 가는 환원 정도를 판단할 수 있다. 하지만 노사에 따라 그 판단이 다르다는 것이 노동 분배율의 특징이다.

노동 분배율이 높을수록 임금 수준이 높다는 것을 의미하므로, 단돈 1엔이라도 많이 받고 싶은 종업원 입장에서 보면 매우 매력적이다. 그러나 회사 입장에서는 노동 분배율이 높다는 것은 고정비에 들어가는 인건비의 부담이 커진다는 것을 의미한다. 그러므로 노동 분배율은 함부로 올리거나 내릴 수 없는 까다로운 성질을 지닌다. 분배율이 높으면 회사의 성장을 가로막고, 반대로 낮으면 종업원이 일할 의욕을 상실한다. 이러한 예는 얼마든지 있다. 그런 만큼 노동 의욕을 상실하지 않고 동시에 회사에도 부담을 주지 않는 정도의 수준이 바람직하다. 이때의 노동 분배율은 기업 규모에 따라 다르지만, 보통 50~60%가 기준이 된다.

또한 노동 생산성은 설비(기계 등)의 고정 자산으로도 판단해야 하는데, 1인당 유형 고정 자산액과 설비 투자 효율로 나눌 수 있다.

전자는 **노동장 비율**에 해당하는 것으로 1인당 설비를 어느 정도 사용하는가를, 후자는 설비가 얼마만큼의 효율성을 올리는가를 판단하는 **설비 생산성**이다.

종업원을 줄이는 대신 설비를 대체함으로써 부가 가치가 커지면 노동 생산성은 높아진다. 노동 생산성을 판단할 때의 포인트는 단

■ 노동의 성과를 부가 가치와 인건비로 판단한다

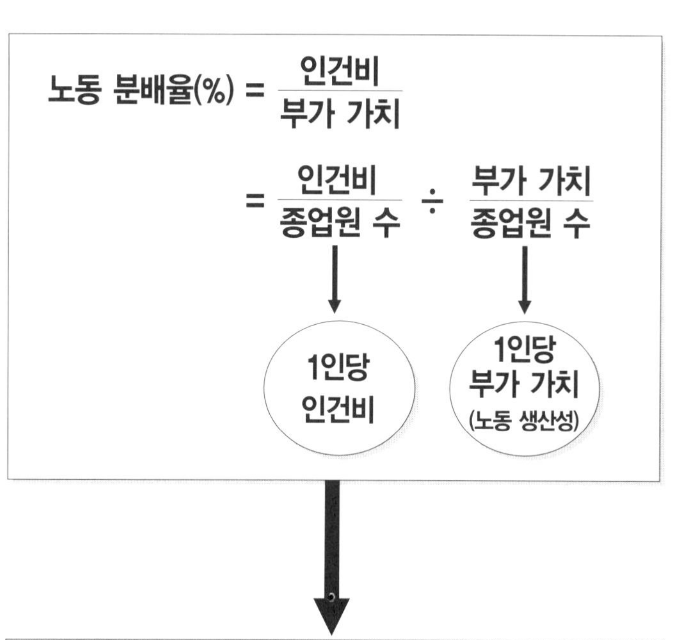

종업원에게 가는 환원 정도를 알 수 있다

높을수록 임금 수준이 높아 사원 입장에서는 좋은 회사지만, 회사 입장에서는 인건비의 부담 증가로 연결된다

회사의 노무 정책을 판단할 수 있다

순히 높낮이뿐만 아니라 그 원인을 점검해야 한다.

●자본 생산성은 '숲'이 산출한 부가 가치

'人'을 투입하여 부가 가치를 얼마나 산출했는가를 판단하는 것이 노동 생산성인데 반해, '숲'을 투입하여 부가 가치를 얼마나 산출했는가를 판단하는 것이 자본 생산성이다.

자본 생산성은 부가 가치를 총자본으로 나누어 구하는데, 예를 들어 부가 가치 10억 엔, 총자본 40억 엔일 경우 자본 생산성은 0.25가 된다. 이것은 자본을 1엔 투입하면 부가 가치는 0.25엔, 즉 0.25배 산출된다는 것을 의미한다. 그러므로 부가 가치가 클수록 효율성은 높아진다.

자본 생산성을 높이려면 자본의 효율적인 투자와 부가 가치를 늘려야 하므로, 그리 간단한 문제가 아니다. 매출 향상에 힘쓰면 부가 가치는 커지겠지만, 자본이 많이 투입되어 투자 효율성은 떨어지기 때문이다. 그러므로 장래의 부가 가치 창조에 연결될 만한 투자가 바람직하다.

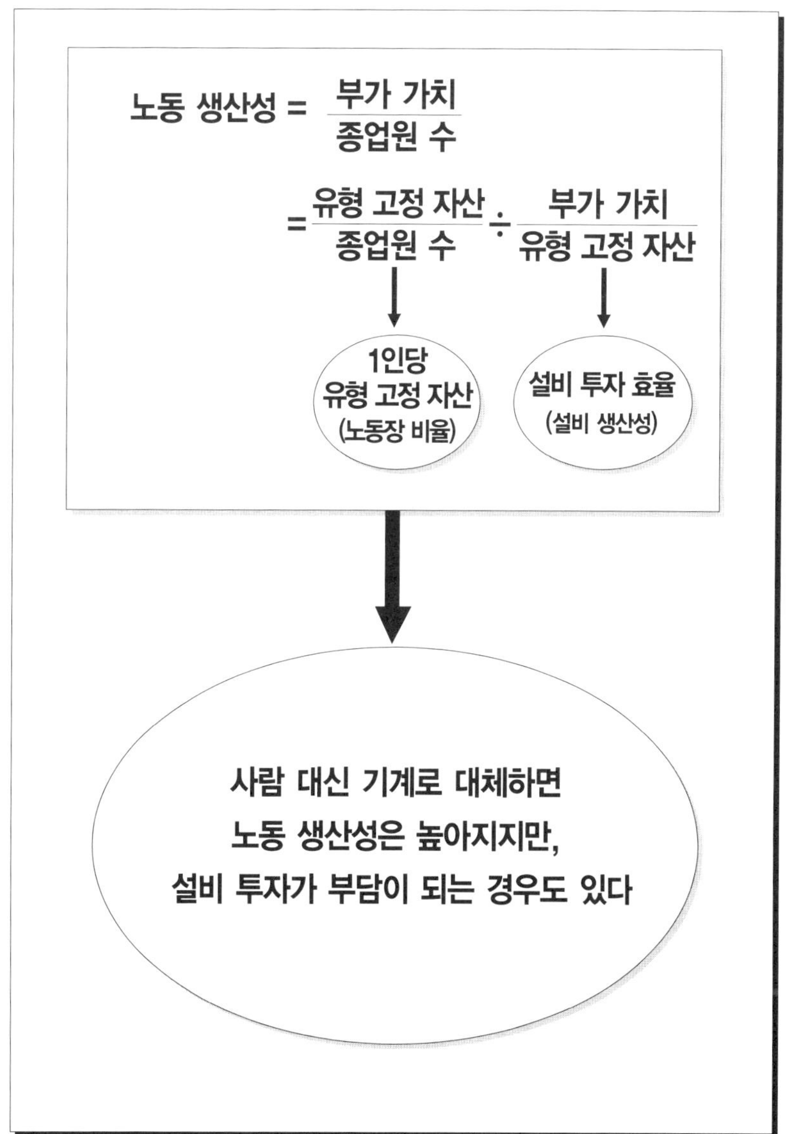
노동 생산성 = 부가 가치 / 종업원 수
= 유형 고정 자산 / 종업원 수 ÷ 부가 가치 / 유형 고정 자산
1인당 유형 고정 자산 (노동장 비율)
설비 투자 효율 (설비 생산성)
사람 대신 기계로 대체하면
노동 생산성은 높아지지만,
설비 투자가 부담이 되는 경우도 있다

자금 융통 여부로 효율성을 판단한다

매출 채권의 회수와 매입 채무의 지불 속도가 관건

●빠른 회수는 자금의 효율성과 수익률에 플러스

상품을 사든 팔든, 현금 거래의 경우 대금을 지불하는 것은 상매의 상식으로는 크게 문제가 되지 않는다. 그러나 대금은 나중에 현금이나 어음으로 지불한다는 신용 거래가 일반화된 오늘날에는 매출액의 미회수 대금인 매출 채권의 회수는 중요한 문제를 야기한다.

매출 채권이 늘어나면 매출액이 증가해도 회수까지의 금리 부담, 사무 비용 등의 비용이 들고, 최악의 경우에는 매출 채권을 회수하지 못하는 부담도 안고 있다. 즉 상매에 투입한 자금을 회수하지 못하고 매출 채권으로 묶여 있다면, 이익과 자금 효율성에 악영향을 끼친다. 따라서 매출 채권이 적정한 기간에 회수되고 있는지를 파악할 경우 **매출 채권 회전율**의 지표가 활용된다.

매출 채권 회전율은 매출액을 매출 채권으로 나누어 구한다. 매출 채권이 1년 동안 몇 회전 했는가를 나타내는데, 이 회전율이 높을수록 회수가 빠르다. 반대로 회전율이 낮다는 것은 회수 기간이 장기화되고 있다는 것으로, 이익이 떨어지고 있다는 판단을 내릴 수 있다. 또한 매출 채권의 회수 상황을 파악하려면 회전율만이 아니라 기간으로도 구해야 한다.

■ 채권과 채무의 회수 상황으로 자금 융통을 판단

> **매출액의 미회수 대금이 매출 채권**

> **매출 채권의 증대**
>
> • 매출액이 증가할수록 금리 부담, 사무 비용이 들어간다
> • 회수하지 못할 위험성이 있다

> **수익과 자금 효율에 악영향**

회수 상황의 파악

$$매출\ 채권\ 회전율(回) = \frac{매출액}{매출\ 채권}$$

• 회전율이 높을수록 회수가 빠르다
• 낮은 것은 회수 기간의 장기화로 수익이 저하된다

지불 상황의 파악

$$매입\ 채무\ 회전율(回) = \frac{매출액}{매입\ 채무}$$

• 회전율이 높을수록 건전한 매입을 하고 있음을 말해 준다

　매출 채권 회전 기간은 날수로 판단할 경우 매출 채권을 매출액으로 나누어 365일을 곱해 산출한다. 이는 채권이 며칠 만에 회수되는가를 나타내고, 날수가 짧을수록 회전 기간이 짧아 회수가 빠르다는 것을 말해 준다.

　보통 상품을 사게 되면 대금을 지불해야 한다. 그럴 경우 회사의 지불 상황을 점검하는 데 활용하는 것이 **매입 채무 회전율**이라는 지표다. 회전율이 높을수록 건전한 매입을 하고 있는 것으로 자금 효율성을 판단할 수가 있다.

●자금의 효율성은 재고 자산으로도 판단할 수 있다

　자금의 효율성은 상품·제품, 가공 중인 제품, 반제품, 원자재 등의 재고 자산으로도 판단할 수 있다. 이들의 증감에 따라 재고 부담이 가벼운지 아닌지를 어느 정도 알 수 있기 때문이다. 이렇게 재고 자산으로 자금의 효율성을 판단하는 지표가 **재고 자산 회전율**이며, 이 회전율이 높을수록 재고 부담 없이 효율적으로 생산, 판매할 수 있다.

　이와는 반대로 회전율이 낮은 경우는 생산과 판매에 시간이 걸리고 재고 때문에 비용 부담도 커진다. 회전율만이 아니라 기간(월, 일)으로 판단하는 경우도 있는데, 그 기간은 짧을수록 효율적이다.

$$재고 자산 회전율(回) = \frac{매출액}{재고 자산}$$

재고 자산 = 상품·제품 + 가공 중인 제품, 반제품 + 원자재·저장품

- 회전율은 높을수록 좋고, 재고 부담 없이 생산, 판매할 수 있다

- 회전율이 낮으면 생산, 판매에 시간이 걸리고, 재고 비용 부담도 크다

자본의 효율성을 판단

기간(월, 일)으로 판단할 수도 있고, 그 기간은 짧을수록 효율성이 좋다

$$재고 자산 회전 달수 = \frac{12}{재고 자산 회전율}$$

부외 손실과 부외 이익이 결산에 나오는 시가 회계

취득 시의 금액으로 자산을 평가하는 취득 원가주의에서 전환

기업이 가지고 있는 주식과 부동산을 정확하게 평가하는 새로운 회계 기준, 즉 시가 회계(時價會計)가 도입되었다. 이는 취득 원가주의의 폐해와 기업 실태가 명확하지 않다는 투자가의 불만에서 나오게 되었다.

취득 원가주의란 취득 시에 지불한 금액으로 자산을 평가해서 계상하는 것으로, 결과적으로 부외(簿外) 이익과 부외 손실이 반영되지 않아 기업의 실태를 알 수 없다는 사태를 초래했다.

부동산의 경우는 시가 산정이 어렵다는 이유로 실시를 보류하고 있지만, 취득가액의 50% 이하로 하락한 판매용 부동산에는 시가와의 차액을 손실로 계상하는 평가손을 도입하였다. 주식에도 시가 회계가 도입되어 영업 정책상 필요한 보합 외에는 점차 해소되고 있다. 즉 일본 기업의 부외 경영이 뿌리부터 흔들리고 있는 것이다.

이와 같이 피할 수 없는 추세인 시가 회계의 도입은 기업에 구조 개선을 촉구하는 커다란 압력이 되고 있다. 그리고 주주들의 경영에 대한 감시가 강화되고 있어 주주 가치를 중시하는 경영으로 개혁하지 않을 수 없게 되었다.

시가 회계는 왜 필요한가?

취득 원가주의
취득 시에 지불한 금액으로 자산을 평가
폐해의 발생
• 부외 이익·부외 손실이 결산에 나타나지 않는다
• 기업의 실태가 불투명하다
• 이익 조작이 용이하다
시가 회계의 도입

7 성장과 발전성을 판단하는 기준

규모의 확대와 내용의 충실성

● 매출액과 이익은 기본적이고 중요한 지표

회사의 성장성을 판단하려면 매출과 이익의 측면에서 파악해야 쉽게 알 수 있다. 회사가 성장하고 발전한다는 것은 규모가 확대되고 기업 체질이 충실해짐을 뜻하므로, 여기서 규모의 확대와 내용의 충실성이라는 2가지 시점으로 판단할 필요가 있다.

우선 규모의 확대를 판단하는 데 다음과 같은 지표가 활용된다.

① 수익 증가율

② 인원 증가율

③ 총자산 증가율

매출액이 늘었는지의 여부는 성장성을 판단하는 데 가장 기본적이고 중요한 지표로, 시장 점유율의 동향도 매출액의 증감에 따라 좌우된다. 또한 인원이 늘었거나 점포와 공장 같은 자산의 증가도 매출액 증감에 따라 발생한다.

● 단기가 아니라 중장기적으로 판단하는 것이 기본

내용의 충실성을 판단하려면 다음과 같은 지표를 활용한다.

① 이익 증가율

② 부가 가치 증가율

③ 주주 자본 증가율

이익의 성장성을 판단하는 이익 증가율에는 영업 이익 증가율과 경상 이익 증가율이라는 2가지 지표로 점검하는 것이 포인트다.

경상 이익은 본업으로 올린 이익만이 아니라 유가 증권을 파는 재무 활동도 포함한 종합적인 기업 활동의 성과를 판단하는 지표다. 매출액에 차지하는 경상 이익의 비율인 경상 이익률은 실제 실적을 반영하고 있는 것은 아니다. 그러므로 본업의 이익을 반영하고 있는 영업 이익률로 판단해야 한다.

이익에 비용을 포함한 것이 부가 가치이고, 이익은 자본도 되기 때문에 증가율이 높을수록 좋다. 이러한 지표들을 1년이라는 짧은 기간으로 판단하면 어떤 돌발적인 요인으로 인해 극단적으로 커지거나 작아지는 경우가 있기 때문에, 좀 더 정확하게 파악하려면 5년 내지 10년이라는 중·장기로 판단해야 한다.

기업을 평가할 때 중요한 것은 2가지 균형(규모의 확대와 내용의 충실성)을 고려하며 평가하는 것이다. 자본을 투입해 인원과 점포를 늘렸다면, 매출액과 매출 총이익, 부가 가치가 그 이상으로 증가해야 한다. 그 결과 순수익인 이익이 늘고 주주 자본도 증가한다.

그러나 이 분석들이 성장성을 판단할 경우 P/L, B/S에서는 감가상각과 재고 자산의 변경 등 처리 방법에 따라 매출액과 비용, 이익이 달라질 수도 있기 때문에 완전한 것은 아니다.

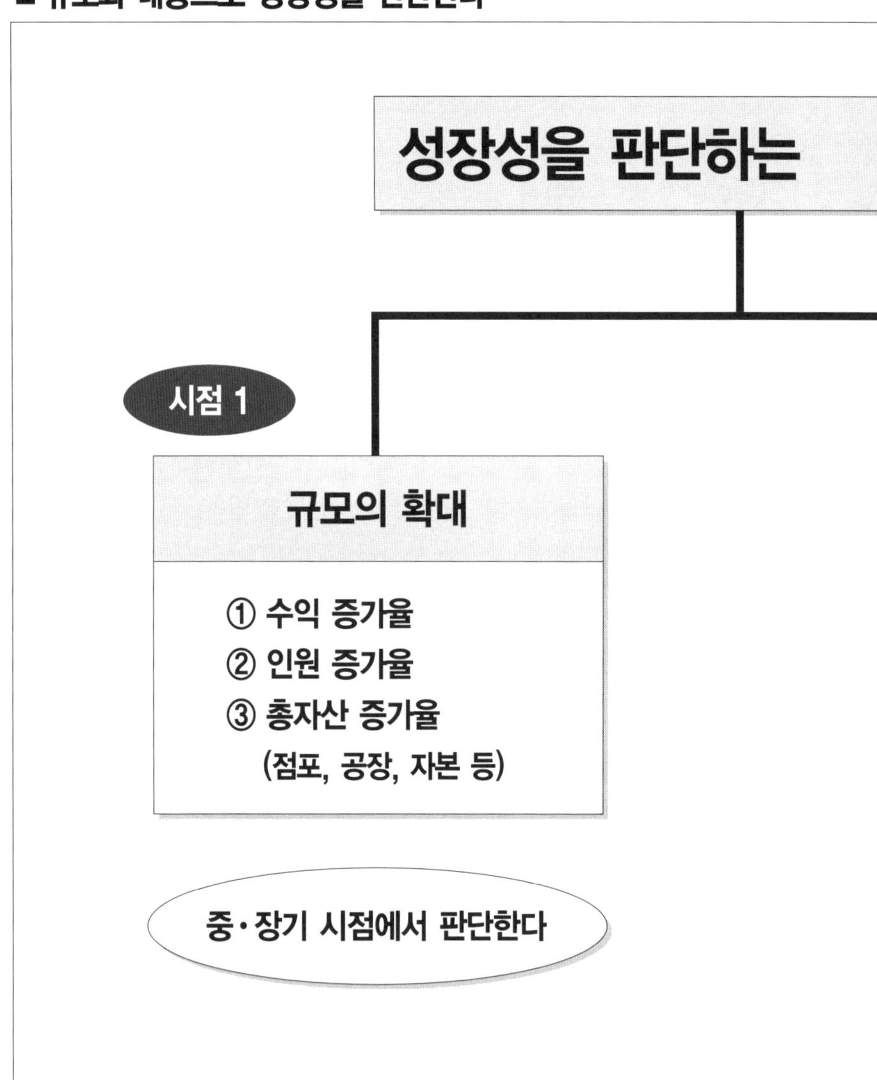
성장성을 판단하는
시점 1
규모의 확대
① 수익 증가율
② 인원 증가율
③ 총자산 증가율
(점포, 공장, 자본 등)
중·장기 시점에서 판단한다

2가지 시점

시점 2

내용의 확대

① 이익 증가율
(영업 이익, 경상 이익)
② 부가 가치 증가율
③ 주주 자본 증가율

2가지 시점의 균형으로 평가한다

8 C/F로 수익성과 안전성을 판단한다

P/L, B/S에 의한 분석의 한계와 결점을 보완한다

●기초가 되는 것은 캐시플로

수익성을 판단할 경우 주로 P/L과 B/S를 검토하는데, 그 가운데 매출액 이익률, 자본 이익률 같은 지표를 흔히 활용한다. 그러나 감가상각처럼 방법에 따라서 이익에 차이가 난다는 것을 이미 설명했듯이 정확한 수익성을 알 수 없는 경우도 있다. 이러한 점에서 캐시플로 계산서로 수익성을 판단해야 한다는 필요성이 생겨났고, 이때 유효한 것이 **캐시플로 마진**과 **이익 구성 비율**이다.

캐시플로 마진은 영업 캐시플로를 매출액으로 나눈 것이다. 영업 캐시플로는 영업 활동의 결과 현금 수지가 어떻게 되었는가를 판단하는 것이므로 P/L의 영업 이익에 해당한다. 캐시플로 마진은 전년도와 금년도를 비교하여 크기로 판단하는데, 캐시플로는 회계 처리의 변경을 고려하지 않아도 회사의 실태를 알 수 있다.

또한 영업 캐시플로를 구성하는 주요 요소인 당기 순이익과 감가상각비의 합계 금액에 차지하는 당기 순이익의 비율을 판단하는 것이 이익 구성 비율이다. 수익성을 판단하는 1가지 기준은 이익 구성 비율이 50%를 넘는가의 여부다. 이때 50%가 넘으면 캐시플로는 이익의 변동에 따른 영향을 받기 쉽고, 50% 미만이면 이익의 변동보다는 감가상각의 변동을 받기 쉽다. 그러므로 이익 구성 비

■ C/F로 수익성을 판단하는 2가지 지표

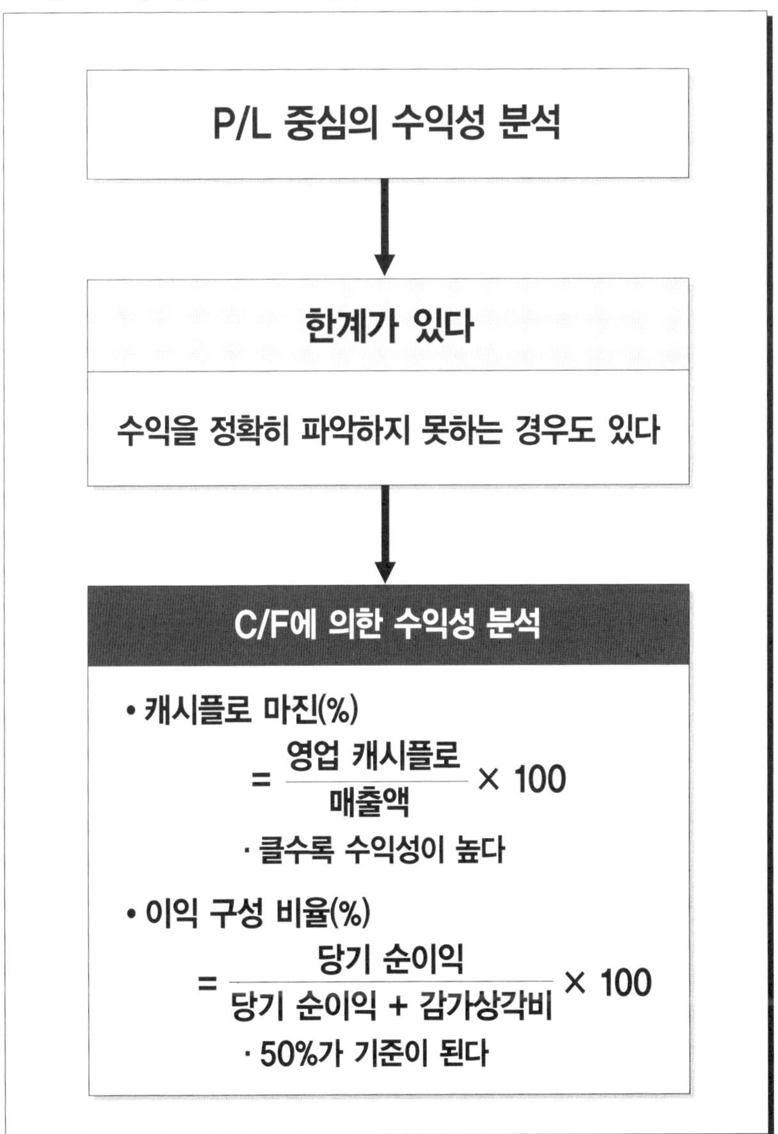

$$\text{캐시플로 마진(\%)} = \frac{\text{영업 캐시플로}}{\text{매출액}} \times 100$$

$$\text{이익 구성 비율(\%)} = \frac{\text{당기 순이익}}{\text{당기 순이익 + 감가상각비}} \times 100$$

율이 낮을수록 캐시플로가 안정적이라는 예상을 할 수 있다.

● 안정성 판단에 빼놓을 수 없는 영업 캐시플로

안전성 판단의 경우 자기 자본 비율, 유이자 부채 의존도, 유동 비율 등 B/S의 숫자로도 어느 정도는 판단할 수 있지만, 대출 지체에 따른 자금 부족을 파악할 수 없다는 한계점도 있다. 이를 보완할 수 있는 대표적인 지표로 프리 캐시플로와 매출액의 관계로 점검하는 **프리 캐시플로 대 매출액 비율**이 있다.

프리 캐시플로란 영업 캐시플로와 투자 캐시플로의 합계다. 프리 캐시플로와 매출액을 대비하여 안전성을 판단하는데, 그 금액이 크면 안전성이 높다. 이 지표의 특징은 유이자 부채 의존도와 비교하면 쉽게 알 수 있다.

이 밖에도 영업 캐시플로와 설비 투자액의 관계를 보는 **영업 캐시플로 대 설비 투자 비율**도 안전성을 판단하는 데 활용한다.

또한 성장성을 판단하는 데는 영업 캐시플로와 주가 관계를 보는 **1주당 영업 캐시플로**, 지불 배당금으로 보는 **지불 배당금 영업 캐시플로** 같은 지표를 중시하는데, 이것은 주주도 마찬가지로 중시하는 지표들이다.

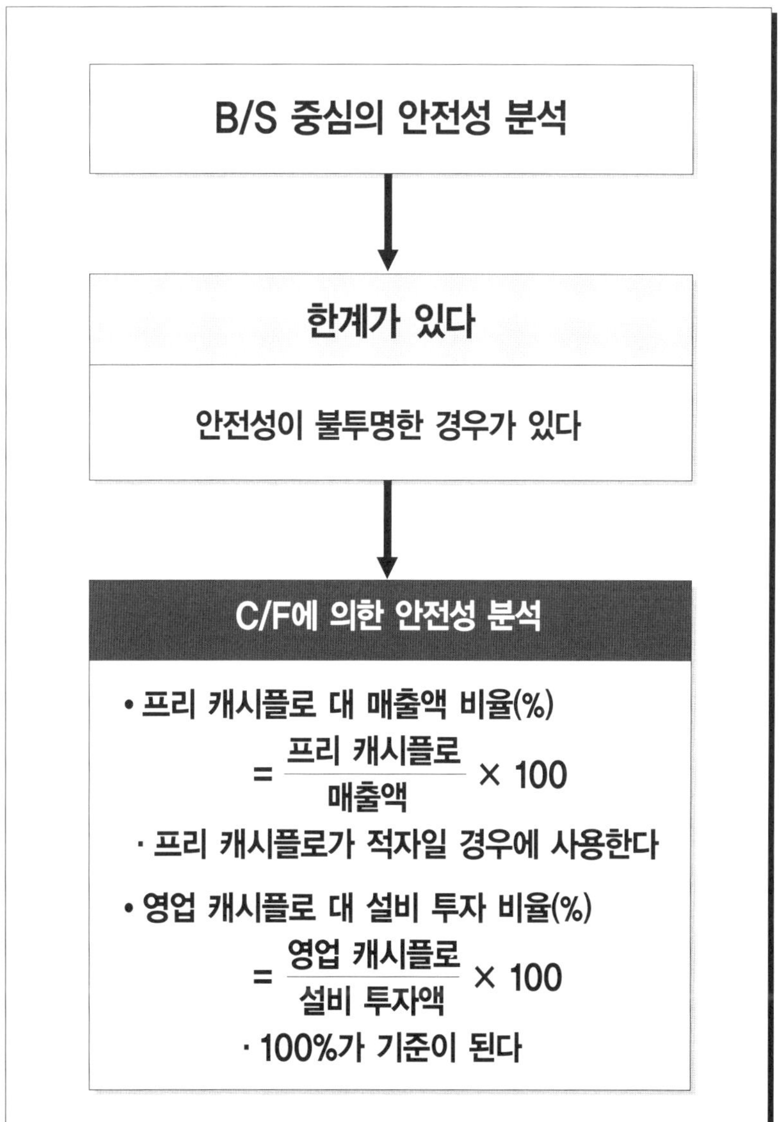
B/S 중심의 안전성 분석
한계가 있다
안전성이 불투명한 경우가 있다
C/F에 의한 안전성 분석
• 프리 캐시플로 대 매출액 비율(%)
= 프리 캐시플로 / 매출액 × 100
· 프리 캐시플로가 적자일 경우에 사용한다
• 영업 캐시플로 대 설비 투자 비율(%)
= 영업 캐시플로 / 설비 투자액 × 100
· 100%가 기준이 된다

9 주주가 중시하는 회사의 숫자

투자 척도에는 새로운 척도와 기존 척도가 있다

●경영자가 중시하는 지표

회사가 수행해야 할 역할 가운데 '주주에게 만족을 준다'가 있다. 이것은 구체적으로는 배당금을 지급한다는 것이고, 바꿔 말하면 회사를 평가하는 데는 주주의 시점이 필요하다는 뜻이다.

그러므로 경영자 입장에서 중시해야 할 경영 지표는 이미 앞에서 설명한 주주 자본 이익률(ROE), 총자본 이익률(ROA), EVA(경제 부가 가치), 캐시플로 외에도 다음의 3가지 지표를 들 수 있다.

① 주가 수익률(PER)

② 주가 순자산 배율(PBR)

③ 배당 이율

그 가운데 주가를 1주당 당기 순이익으로 나눠 구한 주가 수익률은 주가 수준이 비교적 높은지 낮은지를 판단할 때 사용하는 대표적인 척도이며, 단위는 '배(倍)'로 표시한다.

주가 수익률이 높다는 것은, 일반적으로 기업 실적과 비교해서 주가가 비교적 높게 책정되어 있다는 것이다. 그러나 실적보다 예상 이익을 근거로 하는 경우가 많아 이익 성장률이 높은 업종은 이 숫자가 높아진다. 주가 수익률은 높을수록 좋지만, 기준인 30배를 웃도는 기업은 많지 않다. 주가 순자산 배율도 주가를 1주당

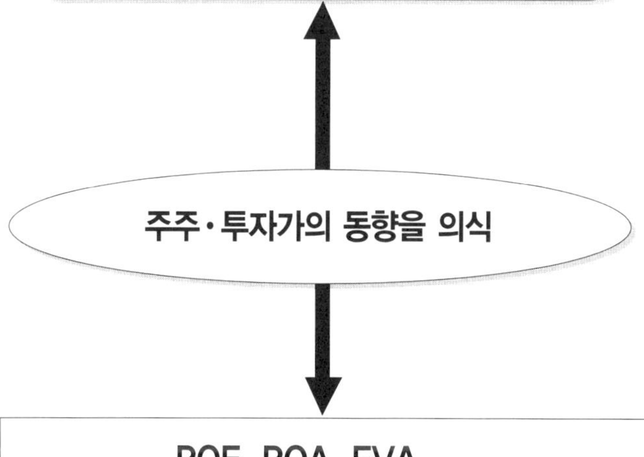
① 주가 수익률(PER)(倍) = 주가 / 1주 이익
• 주가 수준이 비교적 높은지 낮은지를 판단한다
② 주가 순자산 배율(PBR)(倍) = 주가 / 1주당 순자산
• 자금 면에서 주가가 비교적 높은지 낮은지를 판단한다
③ 배당 이율(%) = 1주당 연간 배당액 / 주가 × 100
• 배당에 의한 투자 채산을 판단한다
주주·투자가의 동향을 의식
ROE, ROA, EVA……

순자산으로 나누어 구한다. 몇 배로까지 팔리는가를 보는 것으로 단위는 '倍'이고, 자금 면에서 주가가 비교적 높은지 낮은지를 판단하는 데 활용한다.

주가 순자산 배율은 보통 1배 이상으로 평가해야 하지만, 부외 손실 등으로 1배보다 떨어지는 회사가 늘어나는 추세다. 이에 비해 배당 이율은 1주당 연간 배당액을 주가로 나눈 것으로, 배당에 의한 투자 채산을 판단하는 기준이 된다. 저금리 시대의 투자 척도로 중요성이 확대되고 있으며, 배당 이율이 현재의 금리 수준을 웃돈다면 예금하는 것보다 주식에 투자하는 편이 채산이 좋다.

●주주와 투자가가 중시하는 지표

새로운 투자 척도로 총자본 이익률이나 주주 자본 이익률과 더불어 주목 받는 것이 다음의 2가지 지표다.

① 주가 캐시플로 배율(PCFR)

② 주가 매출액 배율(PSR)

주가 캐시플로 배율은 주가를 1주당 캐시플로로 나누어 '몇 배까지 팔리는가'를 판단하는 지표로, 주가 수익률보다 장래의 성장성을 중시하는 투자 척도다. 주가 매출액 배율은 설립되자마자 이익보다 선행 투자를 중시하는 성장 단계에 있는 벤처 기업의 주가 수준을 판단하는 데 활용한다. 그 밖에 1주당 영업 캐시플로, 지불 배당금 영업 캐시플로 비율도 주목 받는다.

■ 앞으로 주목할 만한 투자 척도

• 주가 캐시플로 배율(PCFR)(倍)

$$= \frac{주가}{1주당 \ 캐시플로}$$

(주가 수익률(PER)보다 장래의 성장성을 중시)

• 주가 매출액 배율(PSR)(倍)

$$= \frac{주가}{1주당 \ 매출액}$$

(이익보다 선행 투자가 중시되는 벤처 기업의 성장성을 판단한다)

성장성을 판단

• 1주당 영업 캐시플로(엔)

$$= \frac{영업 \ 캐시플로}{발행필 \ 주식 \ 총수}$$

(1주당 당기 순이익(EPS)의 C/F판)

• 지불 배당금 영업 캐시플로 비율(%)

$$= \frac{지불 \ 배당금}{영업 \ 캐시플로}$$

(비율이 낮을수록 재무가 건전하다)

경영 분석에 빼놓을 수 없는 지표

$$\text{매출액 총이익률(\%)} = \frac{\text{매출 총이익}}{\text{매출액}} \times 100$$

$$\text{매출액 영업 이익률(\%)} = \frac{\text{영업 이익}}{\text{매출액}} \times 100$$

$$\text{매출액 경상 이익률(\%)} = \frac{\text{경상 이익}}{\text{매출액}} \times 100$$

$$\text{매출액 당기 순이익률(\%)} = \frac{\text{당기 순이익}}{\text{매출액}} \times 100$$

$$\text{총자본 이익률(\%)} \atop \text{(ROA)} = \frac{\text{당기 순이익}}{\text{총자본}} \times 100$$

$$\text{주주 자본 이익률(\%)} \atop \text{(ROE)} = \frac{\text{당기 순이익}}{\text{주주 자본}} \times 100$$

$$\text{캐시플로 마진(\%)} = \frac{\text{영업 캐시플로}}{\text{매출액}} \times 100$$

$$\text{이익 구성 비율(\%)} = \frac{\text{당기 순이익}}{\text{당기순 이익 + 감가상각비}} \times 100$$

$$\text{배당 성향(\%)} = \frac{\text{배당금}}{\text{당기 순이익}} \times 100$$

$$\text{매출액 금융 비용률(\%)} = \frac{\text{지불 이자, 할인료 − 수취 이자, 배당금}}{\text{매출액}} \times 100$$

안전성을 판단하는 데 도움이 되는 숫자

$$\text{주주 자본 비율(\%)} = \frac{\text{주주 자본}}{\text{총자본}} \times 100$$

$$\text{유동 비율(\%)} = \frac{\text{유동 자산}}{\text{유동 부채}} \times 100$$

$$\text{당좌 비율(\%)} = \frac{\text{당좌 자산}}{\text{유동 부채}} \times 100$$

$$\text{고정 비율(\%)} = \frac{\text{고정 자산}}{\text{주주 자본}} \times 100$$

$$\text{고정 장기 적합율(\%)} = \frac{\text{고정 자산}}{\text{주주 자본 + 고정 부채}} \times 100$$

$$\text{유이자 부채 의존도(\%)} = \frac{\text{유이자 부채}}{\text{총자산}} \times 100$$

$$\text{매출액 지불 이자율(\%)} = \frac{\text{지불 이자}}{\text{매출액}} \times 100$$

$$\text{경상 수지 비율(\%)} = \frac{\text{경상 수입}}{\text{경상 지출}} \times 100$$

$$\text{영업 캐시플로 대 설비 투자 비율(\%)} = \frac{\text{영업 캐시플로}}{\text{설비 투자액}} \times 100$$

$$\text{영업 캐시플로 대 투자 비율(\%)} = \frac{\text{영업 캐시플로}}{\text{투자 캐시플로 절대치}} \times 100$$

$$\text{프리 캐시플로 대 매출액 비율(\%)} = \frac{\text{프리 캐시플로}}{\text{매출액}} \times 100$$

$$\text{프리 캐시플로 대 유동 부채 비율(\%)} = \frac{\text{영업 캐시플로}}{\text{유동 부채}} \times 100$$

$$\text{캐시플로 비율(\%)} = \frac{\text{캐시플로}}{\text{장기 부채}} \times 100$$

효율성을 판단하는 데 도움이 되는 숫자

$$\text{총자본 회전율(回)} = \frac{\text{매출액}}{\text{총자본}}$$

$$\text{유형 고정 자산 회전율(回)} = \frac{\text{매출액}}{\text{유형 고정 자산}}$$

$$\text{주주 자본 회전율(回)} = \frac{\text{매출액}}{\text{주주 자본}}$$

$$\text{매출 채권 회전율(回)} = \frac{\text{매출액}}{\text{매출 채권}}$$

$$\text{매입 채무 회전율(回)} = \frac{\text{매출액}}{\text{매입 채무}}$$

$$\text{재고 자산 회전율(回)} = \frac{\text{매출액}}{\text{재고 자산}}$$

$$생산성 = \frac{산출된\ 성과}{산출하기\ 위해\ 투입한\ 경영\ 자원}$$

$$부가\ 가치(엔) = 매출액 - 외부\ 급부\ 비용$$

$$부가\ 가치율(\%) = \frac{부가\ 가치}{매출액} \times 100$$

$$노동\ 생산성(엔) = \frac{부가\ 가치}{종업원\ 수}$$

$$노동장\ 비율(\%) = \frac{유형\ 고정\ 자산}{종업원\ 수} \times 100$$

$$1인당\ 매출액(엔) = \frac{매출액}{종업원\ 수}$$

$$1인당\ 이익(엔) = \frac{이익(매출\ 총이익 \cdot 경상\ 이익)}{종업원\ 수}$$

$$노동 \ 분배율(\%) = \frac{인건비}{부가 \ 가치} \times 100$$

$$1인당 \ 인건비(엔) = \frac{인건비}{종업원 \ 수}$$

$$1인당 \ 총자본(엔) = \frac{총자본}{종업원 \ 수}$$

성장성을 판단하는 데 도움이 되는 숫자

$$수익 \ 증가율(\%) = \frac{금년도 \ 매출액}{전년도 \ 매출액} \times 100$$

$$영업 \ 이익 \ 증가율(\%) = \frac{금년도 \ 영업 \ 이익}{전년도 \ 영업 \ 이익} \times 100$$

$$경상 \ 이익 \ 증가율(\%) = \frac{금년도 \ 경상 \ 이익}{전년도 \ 경상 \ 이익} \times 100$$

$$자본 \ 증가율(\%) = \frac{당기말 \ 자본}{전기말(前期末) \ 자본} \times 100$$

$$\text{1주당 당기 순이익(엔)} = \frac{\text{당기 순이익}}{\text{발행필 주식 총수}}$$
(EPS)

$$\text{주가 수익률(倍)} = \frac{\text{주가}}{\text{1주당 당기 순이익}}$$
(PER)

$$\text{주가 순자산 배율(倍)} = \frac{\text{주가}}{\text{1주당 순자산}}$$
(PBR)

$$=$$

$$\left(\frac{\text{자본 합계}}{\text{기말 결산 발행필 주식 총수}} \right)$$

$$\text{주가 캐시플로 배율(倍)} = \frac{\text{주가}}{\text{1주당 캐시플로}}$$
(PCFR)

$$\text{연단 배율(倍)} = \frac{\text{연결 당기 순이익}}{\text{단체 당기 순이익}}$$

$$\text{배당 이율(\%)} = \frac{\text{1주당 배당}}{\text{주가}} \times 100$$

$$\text{1주당 영업 캐시플로(엔)} = \frac{\text{영업 캐시플로}}{\text{발행필 주식 총수}}$$

회사의 숫자

초판 1쇄 인쇄 2001년 12월 20일
초판 1쇄 발행 2001년 12월 27일

지은이 시바타 타카유키
옮긴이 김숙이
펴낸이 양동현

펴낸곳 도서출판 아카데미북
출판등록 제 43-193호
주소 서울 성북구 동소문동 4가 152-1 청기와1차 303호
대표전화 02)927-2345 **팩시밀리** 02)927-3199
이메일 academybook@hanmail.net

ISBN 89-87567-83-4 13320

잘못 만들어진 책은 바꾸어 드립니다.